TEXT+KRITIK

Heft 164
MARLENE STREERUWITZ
Oktober 2004

INHALT

Marlene Streeruwitz

Text & Kritik.

Eine Kritikbiografie. Bis 1993.

Texte. Eigene Texte. Texte, die sich in ihrer eigenen Bedeutung nach außen abschließen, und dann in der Welt sind, und doch von ihr abgetrennt. Texte, die Erinnerungen herstellen, die man oder frau noch gar nicht gehabt haben. Texte, die die vielen Augenblicke der vielen Jetzt aneinander reihen und eine Zeit werden, die für jeden Leser und jede Leserin die eigene Zeit aber immer je anders sein wird. Und Texte, die nicht ausschließen.

Begonnen hat das alles natürlich mit Lesen. Mit diesem Lesen, das den ganzen Tag füllt. Eine Sucht war das. Und jeder Augenblick entweder Lesen oder die Sehnsucht danach. Alles wird erledigt. Irgendwie und schnell und nur möglichst wieder zurück zum Buch. Zu diesen anderen Welten in den Büchern. Flucht war das. Sucht und Flucht. Eine alles konsumierende Leidenschaft über Jahre. Die Buchwelten jedenfalls wichtiger als die Wirklichkeiten. Die Erziehung an diesen Welten vorerst prägender als die Realität.

Heute bin ich nicht ganz sicher, ob diese Flucht gelungen genannt werden kann. Wenn Flucht eine Rettung sein soll. In der seltsamen Stille der Kleinstadt, in der ich aufwuchs, in der eine eigene Zeit ablief. Eine Zeit, die dem Lauf der Welt entzogen war. Die Welt, das war ein Draußen, in dem die Zeit raste. Die Kleinstadt war eine Insel, die auf diese Welt hinaussah und nichts gelten ließ. Außerhalb. Da. Am Ort. Eine Gegenwart gab es da nicht. Ich habe einen endlosen Ablauf von ruhigen und sonnigen Tagen in Erinnerung. Von Strecken, die mit dem Fahrrad bewältigt wurden. In der Sonne des besonders milden Klimas. Umgeben vom dunklen Grün der Föhrenwälder und dem Goldgrün der Weinberge. Der Geruch des Schwefelwassers vom Strandbad auf der Haut. Immer ein leichter Hauch dieses Geruchs im nassen Haar. Und die Vergangenheit in den Büchern in den Badetaschen. Und immer auf dem Weg zu einem der Leseorte. Idyllische Inseln im Flüsschen. Mauerreste von mittelalterlichen Raubritterburgruinen. Stille Wiesen über den Weingärten und ein weiter Blick über die Ebene. Und wenn man nicht wollte. Und ich wollte nicht gerne. Wenn man nicht wollte, musste man nichts aus dieser Welt zur Kenntnis nehmen. Wenn man in Kauf nahm, als seltsam angesehen zu werden, konnte man ungehindert seltsam werden. »Leseratte« hieß das dann. Und außerdem war das für ein junges Mädchen besser als im »Bullauge« das Rauchen zu lernen und in der »Lore« mit dem Trinken zu beginnen. Und mit den Burschen. Die Bücher wurden so das angenehmere

Übel. Wenn sie schon nichts Praktisches lernen wollte. Hotelfachschulen und Sekretärinnenlehrgänge wurden da vorgeschlagen. Wenn sie also nichts Praktisches machen wollte, dann war es besser, sie las. Und stellte sonst nichts an.

In dieser Zeit hatte ich nie im Sinn selbst zu schreiben. Einerseits war mir in der Volksschule jeder Hang zur Fantasie abtrainiert worden. Jahrelang wurde jede Erfindung in den kleinen Schulaufsätzen bestraft. Die Lehrerin Grill der 3. Klasse Volksschule war da von besonders grimmiger Konsequenz. Sie ließ mich meine Aufsätze vorlesen. Sie ließ mich zu Wort kommen und eine Erfindung erzählen. Ja. Sie forderte zu diesen Fantasien auf. Dann erklärte sie der Klasse, dass die Marlene nun wieder gelogen habe und schickte mich zum Eckenstehen in die vordere Ecke rechts. Da, wo alle immer hinsahen. Da, wo das Waschbecken war und immer wieder sich jemand zu schaffen machte. Ich musste auch die Pausen hindurch da stehen. Wir waren riesige Klassen. 40 und mehr Kinder. Man hatte mit dem Gesicht zur Ecke zu stehen. Die Schultage liefen normal ab. Hinter dem Rücken. Und am Nachmittag musste nachgeschrieben werden. Von der Freundin Lisi, die von der Lehrerin angehalten worden war, einen guten Einfluss auf die Lügnerin auszuüben.

Und währenddessen lief das Entmutigungsprogramm, dem Mädchen in einer katholischen Familie mit vielen Brüdern ausgesetzt waren. Je weiter von der Kindheit entfernt, desto deutlicher wurden die Geschlechtszwänge. Die Rolle in der Welt war, Kinder zu bekommen. Wie meine Mutter. Alles andere. Alles, was bis dahin die Zeit ausfüllte, war ein vorläufiges Programm. Eine Art Schonzeit, bis die wahren Aufgaben über einen hereinbrechen würden. Alles, was in dieser Zeit davor geschah, wurde als Spiel betrachtet. Als Zeitvertreib. Das wurde mir auch gegönnt. Aber gerade in diesem Gönnen lag die Verächtlichkeit. Lag schon der Unwert dieser Beschäftigungen. Sie ist halt musisch, wurde da gesagt. Das war damals eine Ausrede und ist bis heute da aufrecht. Das Musische. Das ist nicht so richtig ernst zu nehmen. Das war österreichische Provinz in den fünfziger und sechziger Jahren. Und ich durfte wenigstens lesen, was ich wollte. So lange ich sonst keinen Blödsinn machte.

Kritik. Feuilletonkritik. Die lernte ich über die Zeitschrift »Die Zeit« kennen. Beim Trafikanten auf dem Hauptplatz hing diese Zeitschrift am Freitag vor der Tür. In einer Mischung aus Snobismus und Wissbegierde kaufte ich dieses teure Ding. Im Strandbad. Hinten. An der Mauer zur Schwechat entfaltete ich »Die Zeit« und las. Das schreckte alle Burschen ab, die sich nicht auf diese langen, tiefsinnigen Gespräche jener Zeit einlassen wollten und lieber nur gleich zum Heurigen gehen wollten. Dafür bandelten diejenigen an, die demselben Snobismus huldigten und die entsprechenden Gespräche fanden statt. Das führte auch zum Austausch von selbst geschriebenen Gedichten. Schreiben war das aber nicht. Und die Kritik verschreckte schon damals. Immer war die Sicherheit der Behauptungen verstörend. Ein ungeheurer Minderwertigkeitskomplex bemächtigte sich meiner bei dieser Lektüre. Aber auch die Ahnung, dass es möglich sein musste, an dieser Welt teilzunehmen. Das war in der Kleinstadtatmosphäre nicht selbstverständlich. Es war nicht selbstverständlich, dass man hinausgehen konnte und eine solche Welt erobern. Diese Welt, die da im Feuilleton ausgebreitet wurde. Die man mit Suhrkamp-Büchern kaufen konnte. Eine Welt, zu der gehörig man richtig sein konnte. In der man eine Richtigkeit von sich herstellen konnte. Mittels Texten. Es war dann so etwas wie eine Anleitung und eine Konkurrenz zum deutschen Feuilleton, dass ich mir dann selbst die Entschlüsselung dieser Richtigkeit zum Ziel machte. Ich dachte, mit dem Studium der Literaturwissenschaft und der Kunstgeschichte würden sich mir die Gesetze erschließen, die mir eine ähnliche Sicherheit der Beurteilung verschaffen würden. Ich würde dann nicht nur einen Text gerne lesen. Verschlingen. Und verstehen. Ich würde dann auch wissen, warum das so war. Den Umständen der Zeit folgend, war es zuerst einmal wichtig, diese Texte verteidigen zu können. Diese nun ausschließlich neuen Texte. Erklären zu können, warum sie richtig waren. Sie gegen diese brutale Verleugnung einer Kleinstadt zu verteidigen, die sich selbst Operettenmetropole nennen kann. Es war eine Wahl aus Parteilichkeit mit einer Zeit. Mit einem Teil der Zeit der Sechziger. Die Sonntagmittagessen wurden immer angespannter. Der Erklärungsnotstand gegenüber Vater und zwei älteren Brüdern groß. Mit einem Studium würde mir eine Ermächtigung in der Argumentation gegen diese Übermacht zuwachsen. Und. Ich würde mich selbst auch verstehen lernen. Ich würde mir selbst auch erklären können, warum ich Partei für diese neuen Texte ergriff. Was das für mich bedeutete. Warum ich mich mit Texten über Texte einverstanden erklärte. Hitzig einverstanden. Während ich dem Ton gegenüber immer misstrauisch blieb. Ich hätte gewollt, die Kritiker von damals hätten sich an diesen Sonntagsmittagstisch gesetzt und ihre Argumente in dieser Wirklichkeit ausprobiert. Ein Typ Krieger gegen einen anderen Typ Krieger.

Und dann lernte ich Thomas Bernhard kennen und damit die Wirkung von Kritik im Leben einer kritisierten Person. Ich war damals Anfang 20. Mir erschienen damals viele Reaktionen seltsam. Übertrieben. Unsportlich. Aber es war zu sehen, dass dieses Außen des Kritisiert-Werdens am Kritisierten und seiner Umgebung Spuren hinterließ. Hässliche Spuren meist. Ich muss es der Grobheit der Unkultur dieser Kleinstadterziehung und einer provinziellen Kleinbürgerlichkeit anrechnen, aber damals hatte ich noch dieses Argument parat, dass man ja nicht in die Öffentlichkeit gehen müsse. Dass das ja nun eine eigene Entscheidung gewesen sei. Dass man das ja wissen hätte können. Und was denn nun geschehen sei, wenn jemand sich despektierlich geäußert hätte. Diese Argumente sind mir schon längst nicht mehr

zur Hand, aber ich rechne es als eine Art Sühne für diese sehr geheim gedach-
ten Gedanken, dass ich bei 17+4 regelmäßig mein Haushaltsgeld an den
Dichter verlor. Öffentlichkeit. Öffentliche Kritik schlägt zu. Das war die
Lehre. Ich schätzte mein Studium noch mehr. Ich genoss die Ruhe, die den
Texten gegenüber möglich war. Die Zeit, die in deren Lesen investiert wer-
den konnte. Ja, musste. Und ich werde mich immer nach der Situation des
Dissertierens sehnen. Einem Problem so ungeteilt alle Konzentration zukom-
men zu lassen. Alle Aufmerksamkeit zu bündeln und in den Text steigen und
Schicht für Schicht diese besondere Welt zu entdecken und im Entdecken
zu beschreiben und in der Beschreibung weiter zu entdecken.

Aber da war dann schon gleich alles zerstört. Ich war während dieser Zeit
aus allem herausgefallen. Gestoßen. Weil ich mich geweigert hatte, meiner
Berufung nachzukommen und meine Kinder als den Mittelpunkt meiner
Welt zu akzeptieren und mich selbst zu vergessen. Mich selbst in dieser Berufung aufzugeben und anzunehmen, was die Welt für solch Berufene bereit-
hält. Die Erniedrigung in die Anpassung und bei genügend Anpassung dann
das Lob für die Rolle. Eine gute Mutter zu sein, schien mir mit dem Auftrag
verbunden, all diese Anpassungen von mir fernzuhalten und damit nicht
meine Kinder in dieses Elend hineinzuziehen. Aber. Was mir vorher immer
als selbstverständliche Eigenständigkeit erschienen war, stellte sich nun als
diese Duldung heraus. Die Eigenständigkeit bis dahin war nicht auf die Pro-
be gestellt worden. Emanzipation wurde nun zu einem existenziellen Vorgang. Ökonomisch und psychisch. Es war nicht mehr zu übersehen, dass
meine Probleme daraus entstanden waren, die Anpassungsleistung als Frau
nicht zu erbringen. Nicht zu können. Nicht zu wollen. Und dass der immer
alles argumentierende und an der Weltliteratur und der »Zeit« und an Suhr-
kamp-Bänden, der an Russischem Formalismus, der Prager Schule und dem
Strukturalismus geschulte Bildungsmann in mir, der ich auch geworden war,
sich plötzlich gegen mich richtete. Richten hätte müssen.

Vulnerable Personen schreiben vulnerabel. Mein erstes Schreiben mit 25.
Das war als hätte ich nie etwas gelesen. Als hätte ich nie Kritik gelernt. Das
war sprechen ohne Sprache. Das war sprachloses Sprechenlernen. Vollkommene Einsamkeit darin und jederzeit ein Absturz. Es ist nicht leicht, sich
selbst die Feindschaft erklären zu müssen. All den Bedingungen in sich als
Zugriff der Macht das Misstrauen zu erklären. Es ist nicht leicht, den Feind
in sich ausmachen zu müssen und den Trauerarbeitsprozess der Erkenntnis
zu überstehen.

Zu Sprache kommen ist ja zuerst einmal Einschränkung. Sprechen Lernen
ist der Verlust des Allanspruchs von Wahrnehmung und Wünschen an die
Formeln der Verständigung. Sprechen Lernen ist die Zähmung in Mitteil-
bares. Literatur kehrt diesen Prozess um. Die erlernten Formeln der Verständigung werden wieder zurück über den Allanspruch gestülpt. In einem

zerstörerischen Prozess. Die Sprache platzt an dem Anspruch alles sagen zu wollen. Muss reißen. Die Sprache zerbricht an diesem Anspruch. Zerflattert. Zerstiebt. In Flocken und Fetzen taumeln die Teile. Gewinnen Muster. Struktur. Und fallen dann wieder sinnlos nebeneinander. In diesem Chaos entscheidet sich, ob die um ein eigenes Sagen ringende Person zu einer eigenen Sprache kommen wird. Zu Literatur. Oder ob es doch nur bei einem eigenen Sagen bleiben wird. Oder überhaupt die Rückkehr angetreten wird. Die Rückkehr in die Sprache, in der nicht alles gesprochen werden kann, dafür das Vereinbarte zu sagen und ohne Schwierigkeiten mitzuteilen ist.

Die Welt ist dabei meist auch nicht hilfreich. Und einer jungen Frau mit traurigen Gedichten wird dann gesagt, dass sie das Musische nicht so wörtlich nehmen soll. Oder ihre Traurigkeit wird vermarktet.

Ich schrieb also. Ich hatte die wissenschaftliche Kritik zurückgelassen. Verlassen. Ich schrieb Gedichte. Romane. Epen. Manchmal las jemand etwas. Friederike Mayröcker munterte auf. Ich solle das weitermachen. Breicha wollte darüber reden. Einen Sonderfall nannte er den Text. Ich schrieb alles klein. Ich machte keine Absätze. Ich schrieb 160 Seiten lange Sätze. Am Tag der Tag. In der Nacht das Schreiben.

1985. Im Herbst. Ich hörte Hörspiele. Ich hörte ein Hörspiel von Friederike Roth. Bis dahin hatte ich einmal einen Hörspieltext geschrieben. Es war eine Abrechnung mit einer anderen Kleinstadt. Mit Gmunden, in dem Thomas Bernhard damals scheel beäugt worden war und das heute Festspiele in seinem Namen veranstaltet. Aber gerade wegen Thomas Bernhard hatte ich nie daran gedacht, einen dramatischen Text zu schreiben. Außer so einem Spaßstückchen. Zu stark war die Aura gepflegt worden, dass das Drama die Meisterdisziplin sei, in der nur Meister zugelassen wären. Diese Aura war mehr von der Umgebung Bernhards aufgebaut worden. In Oberweiß und im Café Brandl in Gmunden war dieses Geflüster zu Hause, das den Meister Meister nannte. Und die Einschüchterung war ganz nebenbei gelungen. In der immer vorhandenen vorauseilenden Selbstbeschränkung des guten Mädchens aus katholisch gutem Hause war es mir gar nicht eingefallen, etwas Dramatisches zu versuchen. Friederike Roth war so das Antidot gegen all die Meisterverehrung. Ich schrieb mein erstes Hörspiel. Bei einem Hörspielautorentreffen in Unterrabnitz wurde der Text mit einem Preis bedacht. Der SDR nahm das Hörspiel an. Die erste Kritik erschien. Weitermachen wurde mir angeraten. Und die Welt solle mich im Auge behalten. Der Kritiker erwartete noch mehr von mir.

Ich habe diese Kritik aufgehoben. Sie ist winzig. Ein etwas längerer Absatz. Aber sie ist ein Existenzbeweis für den Text. Dass diese Kritik dann auch noch die Autorin mitdenkt und den Bereich, in dem diese Veröffentlichung stattfindet. Das ist ein großes Glück. Eine Großzügigkeit drückt das aus, in der der Autor der Kritik sich vom kritisierten Text nicht bedroht sieht. Ich denke, dass das für Kritik eine Voraussetzung ist, die oft nicht vorhanden ist. Es ist nur der Verlust der Wichtigkeit der Literatur im Feuilleton, die vor den Erbschaften der Gruppe 47 rettet. Vernichtende, vernichtungswillige Polemik gegen Texte. Kalte Kriegserinnerungen. Der Ton, der in der »Zeit« mir schon immer Schwierigkeiten gemacht hatte. Macht der Benennung. Macht des Hierarchisierens. Hitlisten erstellen unter dem Deckmantel einer Kritik. Richtig und Falsch. Die 100 wichtigsten Bücher. Der wichtigste Roman des Jahres. Der Roman einer Generation. Das blieb mir da alles erspart. Zuerst einmal die freundliche Aufnahme und gleich auch noch eine Zukunft zugesprochen. Fürs Erste war das sehr ermunternd.

Das war 1986. Das war das Jahr, in dem sich vieles entschied. Thomas Bernhard ging mit Peymann ans Burgtheater. Ich war enttäuscht. Ich hatte – wieder einmal – den Subtext des österreichischen Räsonnierens nicht entschlüsselt. Es war nicht um die Kritik gegangen. Jedenfalls nicht um die Konsequenzen der Kritik. Es war um Akzeptanz gegangen. Um Aufnahme in die als falsch beschriebene Gesellschaft. Jubel nach der Premiere von »Heldenplatz«. Gejubelt wird von den eben Kritisierten. Ein Pakt des Freispruchs war das geworden. Man konnte ins Theater gehen und sich freisprechen lassen. Ein Aufsteigerdrama. Der Kritiker der Gesellschaft von der kritisierten Gesellschaft anerkannt nimmt die Huldigung entgegen. Rührung und Triumph und ein Schulterschluss. Das ist katholische Kultur des Vergessens im Getöse der Orgel beim Auszug aus der Kirche. Jörg Haider. Ein anderer Kritiker der österreichischen Gesellschaft putschte sich in der FPÖ an den Parteivorsitz. Peymann und Haider begannen ein Duell der Gesellschaftskritik, das jeden differenzierten Standpunkt unmöglich machte. Eine Geiselnahmepolitik ins Polemische war das. Die Kultur Schauplatz dieser Auseinandersetzung und Vorbereitung der rechten Koalition im Jahr 2000. Dann.

1987. Die Wiederkehr versunken geglaubter Sprechwelten mit Haider hatte begonnen. Die Reaktionen waren Rabiates aus dem Burgtheater. Wenig aus der Politik. Männerkämpfe waren wieder möglich. Ich schrieb »New York. New York.«. Ich war mit meinen Hörspielen bei Ute Nyssen in Köln. Ich schickte ihr das Stück. Ein Termin wurde vereinbart. Kam nicht zustande. Wurde wieder vereinbart. Ich hatte mittlerweile »Waikiki Beach.« geschrieben. An einem Frühlingstag ging ich also ins Café Raimund, meine Verlegerin zu treffen. Wir saßen am Fenster. So ein schlechtes Stück habe sie überhaupt noch nie gelesen, sagte Ute Nyssen. So ein schlechter Text wäre ihr noch nie untergekommen.

Das sind große Augenblicke. Wahrscheinlich doch die größten. Ein solcher Satz kann einen gediegenen Riss in die Wirklichkeit herstellen und einem im Kopf so hell werden lassen, dass einem der Atem versagt. Allein die Größe. Das Ausmaß der Verwünschung lässt einen um Atem ringen. Ich stand auf und ging. Vernichtungswille kommt einem ja öfter unter. In Wien jeden Tag, wenn eine nur genau schaut. Da trainiert sich eine Ruhe. Und natürlich hätte ich zehn Jahre früher das nicht so einfach anhören können. Ich dachte auch, dass dieses »noch nie« keine Diskussion zuließe. Ich ging. Die Wucht der Aussage war besser bewahrt. So. Ich sprach dann nie wieder mit Ute Nyssen. Was hätte sich auch diskutieren lassen, wenn frau nun der negative Höhepunkt eines langen und erfolgreichen Berufslebens gewesen war.

Zur gleichen Zeit erhielt ich von Michael Klett einen Brief zu einem Prosatext. Der Verleger schrieb diesen Brief an einen Freund, der sich vermittelnd eingeschaltet hatte. Der Text wurde nicht angenommen. Eine Unschlüssigkeit in den Mitteln wurde festgestellt. Dieser Brief war vorsichtig formuliert. Fragend. Das war auch niederschmetternd, aber nicht zerstörend. Und die Argumente waren richtig. Ich war in diesem einsamen Schreiben unsicher geworden. Vor den dramatischen Texten. Ich warf das besprochene Manuskript weg und schickte »New York.New York.« an den Suhrkamp Verlag. Von dort erhielt ich einen Brief, dass das Manuskript eigentlich ein Filmskript und daher im Theaterverlag nicht unterzubringen sei.

Und dann kam die »Entdeckung«. Michael Merschmaier von »Theater heute« hatte »New York. New York.« zu lesen bekommen. Ein kurzer Text. Ein großes Foto. Ein Abdruck aus dem Stück.

Plötzlich wollten alle das Stück lesen. Ich ging zu Suhrkamp.

Und dann brach das Feuilleton herein. Eine Uraufführung und die Kritiken. Immer gab es eine Unzufriedenheit über die feministische Haltung der Autorin, obwohl ich sicher bin, dass keiner der Kritiker den feministischen Gehalt beschreiben hätte können. Unverfroren persönliche Meinungen waren das. Unverfroren andere Kalküle. Stellvertreterargumentation.

Ich hatte schon bei der Arbeit an meiner Dissertation die seltsame Diskrepanz festgestellt, dass die Theaterwissenschaft allein von der Aufführung ausgeht. In der Beurteilung des Textes. Und dass die Literaturwissenschaft sich mit dem Text begnügt. Dass das Kunstwerk Theaterschauspiel von einem Text mit der Intention Theaterschauspiel her gesehen werden muss. Dass Text und Aufführung in inversen Transformationen ineinander greifen und nicht getrennt gedacht werden können. Das hatte ich nie mitgedacht gefunden. Und bei den Theaterkritiken noch weniger. Es schien mehr so als würden der Text und die Aufführung jeweils als abgesonderte Einheiten gesehen. Das aber nur zu dem Zweck, jeweils die andere Erscheinungsform mit der einen zu erschlagen. Wenn die Aufführung den Text nicht verstanden hatte. Oder der Text keine Aufführung ermöglichte. Nie wurden die Zusammenhänge geklärt. Eine literarkritische Wertung der Stücke kam nicht vor. Ein Gedanke daran, was das literarische Vorhaben und was die theatrale Intention sein könnte. Es war nur interessant, dass es eine Frau war, die diese Gewaltfantasien ausgedacht hatte. Ob die Aufführungen dem Text irgendwie gerecht wurden.

Einmal gab es eine Kritik, die das Vorhaben deutete und damit weiter-
schrieb. Karsten Witte schrieb in der »Frankfurter Rundschau« die Kritik zur
Uraufführung von »Elysian Park.« im Deutschen Theater in Berlin. Das war,
als stünde man oder frau mit dem Rezensenten am Rand des Lebens und
könnte das Leben mittels dieses Stücks einen Augenblick lang begreifen.
Während dieses Dastehens. Während das Stück gespielt wird. Und dann
gleich nicht mehr. Aber die Erinnerung davon. Ein kleiner Augenblick eines
außerzeitlichen Nebeneinander war das. Was Theater sein könnte. Und die
Kritik davon.

Das war 1993. Und das mit dem Theater. Das war fast schon zu Ende. Für
mich. Fürs Erste schienen mir da alle Möglichkeiten erschöpft. Eine Lust-
losigkeit hatte sich in den Dramaturgien ausgebreitet. Ein Drang zu Sicherheiten. Sicherheiten, die kein lebender Autor, keine lebende Autorin garan-
tieren kann. Die Flucht in die Klassiker war endgültig. Die Schwierigkeiten
der Vermittlung meiner Theatertexte war an neun Uraufführungen nach-
gewiesen. Ich wollte mit dem Leser und der Leserin selbst verhandeln. Ich
kehrte zur Prosa zurück.

Katharina Döbler

Schlussfolgerungen aus einem Selbstversuch
Darf man die Bücher von Marlene Streeruwitz ohne Beipackzettel lesen?

Marlene Streeruwitz ist eine der wenigen unter den deutschsprachigen Auto-ren, die umfassend und öffentlich Auskunft geben über ihre schriftstelleri-schen Intentionen und Methoden. Sie schreibt und spricht über die Her-stellung von Literatur in einer Weise, die sich nicht darauf beschränkt, zu erklären, wie ihre eigenen Bücher entstehen; sie analysiert die Bedingungen der Entstehung von Literatur auf der Grundlage unserer Weltwahrnehmung innerhalb der Kultur, in der wir leben. Da geht es um Fundamentales: um die Bedeutung von Sprache, um die patriarchale Verfasstheit der Welt, um die Verfasstheit der Kunst in dieser Welt und die Funktion von Herrschaft innerhalb der Kunst im Besonderen. Es geht um sehr viel, nämlich um fast alles, was Kultur ausmacht.

Dergleichen bedeutet eine schwerwiegende Vorgabe für die Produktion belletristischer Literatur. Aber den Eindruck der Gewichtigkeit erwecken ihre Romane nicht. Eher den des Vermeidens von Gewichtigkeit. Der Eindruck des Gewichtigen und des Prinzipiellen entsteht dagegen sofort, wenn Mar-lene Streeruwitz nicht als Erzählerin auftritt, sondern als Theoretikerin; wenn sie etwas so Unbedeutendes wie die Existenz eines Goldhamsters im Kin-derzimmer heranzieht, um die Implantierung hierarchischen Denkens in die Sprache zu beschreiben (so geschehen anlässlich ihrer Antrittsrede zur Sa-muel-Fischer-Gastprofessur in Berlin)[1]. Er entsteht niemals in ihren Roma-nen. In keinem einzigen. Deshalb ist die oben gestellte merkwürdige Frage nicht nur erlaubt, sondern, wie ich finde, unbedingt nahe liegend: Ob man die Romane der Marlene Streeruwitz ohne Beipackzettel lesen darf? Das heißt: ohne eine Angabe dessen, was sie enthalten. Wie, wofür und wogegen sie wirken sollen und in welcher Weise sie zu konsumieren sind.

Erster Roman von Marlene Streeruwitz, ohne Beipackzettel gelesen

Ich bin, schon von Berufs wegen, Leserin; mit Erfahrung auf allen mögli-chen Gebieten – von der philosophischen Monografie, der klassischen Erzählliteratur, der handelsüblichen Gegenwartsliteratur der E-Klasse und, das schon am längsten, aller möglichen Genres der U-Klasse, von Science Fiction über »Neue Frau« bis zu Mickey Spillane. Als Leserin, dachte ich, bin ich nicht leicht zu täuschen. Und trotzdem: Als 1996 der erste Roman von Marlene Streeruwitz erschien, hatte die Autorin als Dramatikerin Triumphe gefeiert, war 1992 zur »Nachwuchsdramatikerin des Jahres« erklärt geworden. Sie war als solche in den wichtigen Fernsehsendungen zu sehen und wurde in den Feuilletons gewürdigt. Sie hatte den Durchbruch geschafft, so sah es jedenfalls aus. Eine Frau, die mit ihren feministischen Stücken in der deutschen Theaterlandschaft deutliche Spuren legte. Sie aber schmiss das Theater hin und schrieb einen Roman. Den man, bei *der* Vorgeschichte, unbedingt lesen musste.

Das Buch hieß »Verführungen.« mit dem verlängerten Titel »3. Folge. Frauenjahre.«. Das war, offenkundig, eine Anspielung auf die Mädchenromane von anno dunnemals, »Trotzkopf« und wie sie alle hießen, in denen die Lebensbahn eines Mädchens über die Jugend bis ins Erwachsenenalter erzählt wurde. Irgendwann wurde geheiratet, was dann meistens im letzten Band geschah; manche gingen noch ein wenig weiter hinein ins Eheleben (»Frauenjahre«), aber bis zum Klimakterium schaffte es keine der Serien.

Die »Frauenjahre«-Version der Marlene Streeruwitz war, für eine professionelle Leserin wie mich, eine verblüffende Entdeckung: Das Buch war niedlich. Es bot als Lektüre keine große Anstrengung, wenn man von dem eigenwilligen Sprachrhythmus und der ungewohnten Interpunktion absah. Dafür hatte es so viel Erfreuliches, dass ich es umgehend einer in Scheidung lebenden Nachbarin schenkte, die normalerweise eher Elizabeth George las. Ich fand, das Buch würde sie nicht überfordern; und könnte ihr helfen, besser mit ihrer Scheidung zurecht zu kommen. Denn: So viel ungeschönter Alltag war selten in der Literatur und dabei so viel vergnügliches Einfach-Lesen. Wie die 30-jährige Helene Gebhardt sich nach der Trennung von ihrem Mann mit den beiden Kindern durchschlägt. Wie es ihr bei der Arbeit geht. Wer die Kinder von der Schule abholt. Was sie im Beisl isst. Wie viel Geld sie noch hat. Wie sie sich vor Verzweiflung betrinkt. Wie sie von ihrem davongelaufenen Ehemann unter Druck gesetzt wird. Wie ihr ein Liebhaber auch kein Halt ist. Wie sie schließlich zum Anwalt geht. Wie sie sich befreit und auf eigenen Füßen steht. Das war sehr realistisch und nicht schwierig zu lesen. Es war auch nicht besonders komplex, sprachlich in hohem Maße schnörkellos, dankenswert unsentimental und dabei voller Feinheiten, was weibliche Zustände betrifft, physische wie psychische.

Es war identifikatorisch in hohem Maß – ein zeitgenössisches Frauenschicksal, mit jener Art von abgeklärtem und realistischem Happy End, wie es der emanzipatorische Zeitgeist schon lange in der »Brigitte« öffentlichkeitsfähig gemacht hatte.

Meiner Nachbarin gefiel das Buch nicht besonders, weil es nicht wirklich aufregend war, aber sie las es zu Ende und fand, dass »es« (damit meinte sie ihr eigenes Scheidungsdrama) in Wirklichkeit schon ungefähr »so« sei. Ihr

Fall liege ein wenig anders, und sie selber hätte es auch anders aufgeschrieben. Ich legte das Buch beiseite mit dem Gefühl, etwas Lobenswertes, aber doch eher Belangloses gelesen zu haben. Denn dass eine Frau bei der Scheidung möglichst bald zum Anwalt gehen sollte, wusste ich aus Filmen ebenso wie aus Erfahrung.

Die zweite Entdeckung folgte ungefähr ein Jahr später, mit der Lektüre der Tübinger Poetikvorlesungen »Sein. Und Schein. Und Erscheinen.« (1997) und bestand darin, dass hinter der offenkundigen Schlichtheit in Form und Aussage der »Verführungen« etwas anderes steckte: eine auktoriale Absicht, die sich in dem eher kleinen Roman zu erheben schien wie eine *tsunami* in der Donau. »Es ist eine der schwierigsten Unternehmungen«, heißt es da in Beantwortung der Frage, was denn die »immer wieder erwähnte weibliche Sprachlosigkeit« bedeute, »in aller Denkbarkeit die eigene Unwertigkeit aufgrund des Weiblichseins zu formulieren. Sich also diesen Zustand einzugestehen, ihn auszusprechen und daran oder davor nicht schon zu verzweifeln. Die Unwertigkeit nicht für sich zu akzeptieren, ja einen Eigenwert für sich zu konstituieren. Diese Eigenwertigkeit muss sprachlich beschreibbar gemacht werden, um in Erinnerung bleiben zu können. Historisch werden zu können und damit tradierbar. Die Frau muss ein unverdrängtes stolzes Bild von sich entwerfen.«[2]

Die Schriftstellerin hat also, nach Marlene Streeruwitz, nicht nur eine ästhetische, sondern auch eine historische Aufgabe. Sie ist eine konstituierende Kraft weiblichen Selbstverständnisses – und auch Selbstwertgefühls. Unter diesem Aspekt betrachtet, bekamen die »Frauenjahre« der Helene Gebhardt nicht nur einen anderen Glanz – nämlich einen heroischen –, sondern auch ein ganz anderes Gewicht: Das Buch war gar keine realistische Erzählung, nein, es ging um den Aufbruch der Frau aus der vom Patriarchat und ihr selbst als Komplizin verschuldeten Unmündigkeit.

Zweiter Roman der Marlene Streeruwitz, mit Beipackzettel gelesen

Im Jahr der Tübinger Poetikvorlesungen erschien auch das Experimentalwerk »Lisa's Liebe.« mit falschem Apostroph und dreiteilig, in einem roten, einem grünen und einem blauen Heftchen, auf deren jedem die Autorin selbst in jungen Jahren abgebildet ist, einmal im Dirndl vor der grünen Wiese, einmal in verträumter Pose vor alpenländischem Panorama und schließlich als unbeholfener Girlie-Schnappschuss unter einem amerikanischen Straßenschild. Der Titel und jedes Kapitel beginnt mit »Lisa«, geziert mit einem geschwungen Initial, wie in einem Jungmädchentagebuch.

Da die Anspielung auf das triviale Genre mehr als ein Wink mit dem Zaunpfahl war, konnte niemand, der Bücher des Suhrkamp Verlags zu lesen gewohnt ist und mithin die Beipackzettel der Gegenwartsliteratur kennt, die Botschaft missverstehen: Hier geht es dem Trivialroman an den Kragen.

Das Buch als einfache Abbildung der Realität ohne weitere Ambitionen zu begreifen, wie es mir mit »Verführungen« gegangen war, war nun nicht mehr möglich. Viele Kritiker taten im Nachhinein so, als seien sie auf die Verpackung hereingefallen und hätten keine Ahnung gehabt, was sie erwartet; als gehöre es zu ihren Gewohnheiten, Heftchenromane zu lesen, wenn sie – zufällig? – auf ihrem Schreibtisch liegen.

Dieser Heftchenroman war aber ein Frontalangriff auf die – tatsächliche oder vermeintliche – Gleichsetzung der Erzählung des Weiblichen mit dem Trivialen. Gerade wegen seines äußerlich trivialen Erscheinungsbildes konnte es hier keine unscharfen Grenzlinien geben. (Ebenso wie die Fotos der Autorin, die fast alle Umschläge ihrer Romane zieren, auf die Gleichsetzung des Erzählerischen mit dem Autobiografischen abzielen, auf die ebenso dümmliche wie beliebte Frage, die sogar Kritiker sich oft insgeheim mit Ja beantworten: Hat sie das selber erlebt?)

Der Roman beginnt – sehr theatralisch – mit einem Liebesbrief. Die Lehrerin Lisa, 39, mit Nachnamen ausgerechnet Liebich, alleinstehend, schreibt ihn an einen Mann, den sie jeden Tag sieht und mit dem sie noch nie gesprochen hat.

Die Leserin, die die Beipackzettel kennt, weiß sofort, dass auf diesen Brief *keine* glückliche Liebesgeschichte folgen wird. Denn wenn auf diesen naiven Brief das Glück in der Liebe folgen würde, handelte es sich hier tatsächlich um *Trivialliteratur*.

In ihrem emanzipatorischen Dreiteiler aber entwirft Marlene Streeruwitz ein Gegenkonzept zum Trivialen: das Alltägliche. »Lisa fuhr nach Gosau.« »Lisa suchte einen Friseur.« »Lisa hatte zum Arzt gehen müssen.« »Lisa hat Hunger. Lisa geht in eine Croissantbäckerei.« Und das auch noch in einer Sprache, die an Banalität nicht zu übertreffen ist.

In den ersten beiden Heften ist dokumentiert, wie Lisa auf einen Antwortbrief wartet, während in der Rückschau erzählt wird, wie ihr bisheriges Leben verlaufen ist. Sie ist immer passiv gewesen. Sie hat getan, was man ihr sagte. Hat sich als Geliebte ausnutzen lassen. Ist nie ehrgeizig gewesen. Hat nicht einmal Konturen angenommen: Mal ist sie dick gewesen, dann wieder dünn. Niemals auffallend, anscheinend. Das einzige, was vom Durchschnitt abweicht, sind ihre Krankheiten, stummer somatischer Protest. Der Liebesbrief bleibt also erwartungsgemäß unbeantwortet. Auch das neue Kleid der Heldin erregt nicht, wie ein Heftchenroman zwingend vorschriebe, die Aufmerksamkeit und schließlich die Liebe des richtigen Mannes. Der Mann, der vielleicht der Richtige gewesen wäre, bearbeitet statt dessen einen Rotweinfleck im Teppich. Das ist nicht romantisch. Das ist ebenfalls alltäglich.

So dekouvriert Marlene Streeruwitz – mit einiger boshafter Süffisanz – die Aufgeblasenheit des Trivialen durch die Konfrontation mit dem Alltag. Alltag, mit seinen Wiederholungen, seinen Gewohnheiten, seiner lebenfüllenden Breite, ist etwas, das in der Trivialliteratur niemals vorkommt. Etwas Alltäglicheres als Spazierengehen oder vielleicht einen Brief schreiben verbietet sich für deren Heldinnen. Ihre literarische Aufgabe ist es, Gefühle zu haben und zu transportieren, die der Leserin zur Identifikation dargeboten werden.

Lisas Liebe dagegen scheint eine eher gefühllose Angelegenheit zu sein. Es wird – unter weitgehendem Verzicht auf Adjektive und Partizipkonstruktionen – gesagt, was Lisa tut, mehr nicht. Es wird auch manchmal gesagt, was sie denkt. Aber selbst in Zeiten verratener Liebe oder mit Mordverdacht im Herzen, also da, wo jeder Trivialroman in Fahrt gerät, bleibt diese Lisa Zeitgenossin des Alltags. »Lisas Mutter war dann bald gestorben. (...) Lisa legte sich wieder ins Bett. Hätte sie doch etwas getan haben sollen?«[3]

Der entscheidende Wendepunkt passiert am Ende des zweiten Hefts: »Lisa hatte begonnen, sich ein Gefühl für sich zu wünschen. Ein Gefühl nur für sich selbst.« Nachdem ihre Liebesabsicht auf keine Resonanz gestoßen ist, beginnt das dritte Heft mit dem Satz: »Lisa fährt nach New York.« Ein neues Leben für Lisa also, das jedoch nicht aufhört, alltäglich zu sein. »Lisa geht die Fifth Avenue hinunter.«

Für eine tatsächliche Leserin von Trivialromanen wäre das Buch eine Enttäuschung. Nichts darin ist großartig, nichts darin fesselt in identifikatorischer Weise. Denn das Identifikatorische beim Lesen besteht ja darin, sich an eine Figur anzudocken, um in ihr über sich selbst hinausgehoben zu werden. So liest man als Kind: Mitfiebern, wenn Kalle Blomquist, der Sohn vom Bäcker, den Nachbarsonkel als Verbrecher identifiziert; mit Hanni und Nanni im Internat um die Gunst der Kameradinnen kämpfen und nie, nie allein sein. So liest man ohne Beipackzettel.

Marlene Streeruwitz lehnt auf Identifikation zielende auktoriale Absicht als »literarische Invasion« kategorisch ab. Explizit tut sie das im Großen Beipackzettel der »Frankfurter Poetikvorlesungen«, der wiederum ein Jahr nach »Lisa's Liebe.« erschien. Was sie von ihrer Leserschaft erwartet, ist nicht die genießerische Selbstaufgabe beim Lesen, sondern das ziemlich genaue Gegenteil davon: »Ich bin«, schreibt sie »für vollständige Erhellung aller Lebensbereiche im Gegensatz zur Verdunkelung, die patriarchale Macht immer ausbreitete, um diese Macht, ewig sich selbst gebärend, fortzuschreiben.«[4]

Es geht also weiterhin um den Aufbruch aus der Unmündigkeit, aus dem Obskurantismus. Es geht darum, die literarisch gültigen Gesamtentwürfe auf ihre Alltagstauglichkeit zu prüfen. Was soll das sein – Liebe? Was macht es aus, das »stolze Bild« einer Frau? Marlene Streeruwitz macht ihre Lisa zur Hobby-Schriftstellerin. Das denkbare und nahe gelegte Happy End wäre, dass eine publizierende Schriftstellerin aus ihr wird, eine Frau, die sich in der

Kunst öffentlich, also »tradierbar« macht. Aber diese Möglichkeit ist im Buch nur angedeutet. Und damit wäre noch kein gültiger Ausweg gegeben. Einer der gerne zitierten Merksätze von Marlene Streeruwitz für Kunstschaffende heißt: »Was bringt mir das beim Frühstück?«[5] Womit der Kreis geschlossen wäre: Kunst und Alltag gehören für sie zusammen.

Sollte man Bücher von Marlene Streeruwitz ohne Beipackzettel lesen?

Über die Auseinandersetzung der Autorin mit dem trivialen Genre habe ich oben ausführlich geschrieben. Dasselbe gilt bei Marlene Streeruwitz aber auch für die Genres der handelsüblichen Gegenwartsliteratur der E-Klassen: Ihre Romane und Erzählungen funktionieren sämtlich nicht innerhalb ihres eigenen Genres. Sie sind nicht wirklich erzählerisch. Sie wollen mehr als das Genre. Sie benutzen das Genre, bedienen sich seiner Versatzstücke, seiner Vehikel, doch nur um zu entlarven, was es an Falschem transportiert. An kulturellen Festschreibungen, die auf ihre Gültigkeit – vor allem für den weiblichen Teil unserer Welt – zu überprüfen versäumt wurden.

Der Entwicklungsroman, beispielsweise, dient Marlene Streeruwitz als Vorlage zu einem eindrucksvollen Kopfstand: »Partygirl.« erzählt das Leben einer Sechzigjährigen von seinem Ende her. Er endet mit der Kindheit, und es wird keine Sekunde die Frage aufgeworfen, »wie es ausgeht«. Auch hier gilt die Verweigerung aller kindlichen Leserwartung, die auf das Vergnügen und die Spannung abzielt.

»Jessica, 30.« ist ein in anderer Weise auf den Kopf gestellter Entwicklungsroman: Die junge Frau darin bemächtigt sich ihres eigenen Lebens, in dem der Mann, der als Übervater und Liebhaber in ihr Leben getreten ist, als Mentor *ex negativo* fungiert: Seine Bloßstellung und sein Ruin sollen der Beginn der Karriere der Protagonistin werden.

Und die Unmöglichkeit biografischen Erzählens behandelt Marlene Streeruwitz mit »Nachwelt.«, einem Roman, der eigentlich nur davon handelt, wie eine Frau daran scheitert, das Leben einer anderen Frau zu erzählen – was zu der Erkenntnis führt, dass das Leben einer anderen Person nicht zu verstehen und deshalb auch nicht zu beschreiben ist; und dass dessen Betrachtung vielmehr Fragen an das eigene Leben stellt.

Hier wird Lesen und Schreiben zum innigen Gespann im aufklärerischen Wunsch nach Erkenntnis: nicht der Welt, sondern ihrer zivilisatorischen Mechanismen, Bewegungsmuster, Hierarchien und Formen. »Nun sind wir aber – und ich lege als erste dazu ein Geständnis ab – diese geprägten Wesen«, heißt es in den »Frankfurter Poetikvorlesungen«, »mußten lernen, bevor wir wußten. Wurden geprägt, bevor wir die Prägungen auch nur beurteilen konnten. Und schon gar nicht wissen konnten, wie sich verhalten dazu.

Wir sind Gemachte, die versuchen müssen, ihre eigene Machart herauszufinden. Und die Konstruktionsgeheimnisse aufzudecken.«[6]

Wenn man diese erkennen, beschreiben, verstehen will, kann der Protagonist logischerweise keine kulturelle Allgemeingültigkeit beanspruchen, wie es in der aufklärerischen Literatur der Moderne noch üblich war.

Nehmen wir, als Beispiel für solche Literatur »Lady Chatterley's Lover«. D. H. Lawrence schrieb damals einen tatsächlich reißerischen Roman, dessen aufklärerische Botschaft höchst aufreizend verpackt ist und der seine Leser schon aus Gründen der Erregbarkeit bei Aufmerksamkeit hält. Geschrieben, ausgesprochen, ja, ausgemalt, wird darin das ausdrücklich Andere, das gesellschaftlich schlicht Unmögliche: die Vorstellung eines sexuellen Verhältnisses zwischen einer Adligen und einem Dienstboten, das in eine Ehe mündet. Literarisch betrachtet war es ein ganz und gar konventionelles Buch; ein Melodram, letztlich, Herzschmerzliteratur – nur eben unter der Prämisse radikalen Gleichberechtigungsdenkens. Gesellschaftlich gesehen bedeutete dieses Buch durchaus ein Gegenmodell: gegen die herrschende Moral, gegen das Ständemodell, gegen sexuelle Tabus. Es verkündete die frohe Botschaft von der sexuellen Freiheit für alle. Männer und Frauen, Wildhüter wie Gräfinnen. Es erhob den Anspruch auf allgemeine und prinzipielle Gültigkeit seiner Botschaft.

Marlene Streeruwitz erhebt den Anspruch auf Gültigkeit durchaus. Aber nicht für alle. Sondern für jede(n) Einzelne(n), was ein großer Unterschied ist. Und sie erhebt ihn ausschließlich für das, was nicht in den vorgefertigten literarischen Formen der Wahrnehmung bereitliegt: für das, was *backstage* geschieht, für die Partikel des Alltäglichen.

Die Romane der Marlene Streeruwitz sind also Träger einer Absicht und diese Absicht ist *nicht* das Erzählen. Es ist das Aufklären. Gebaut sind sie auf den Fels der unbedingten Erkenntnis, mit der Kunst des genauen Hinsehens auf das Verborgene bei unbedingter Schonungslosigkeit des Blicks.

Manchmal transportieren Bücher etwas, das den rationalen Gestaltungsabsichten, dem Stilwillen und der Zeitgebundenheit entwischt. Das widerspricht den rationalen Absichten nicht. Es geht nur über sie hinaus. Möglicherweise auch an ihnen vorbei. In Sachen Kunst ist der Vernunft nur begrenzt zu trauen. Manchmal sind Bücher klüger als ihre Autoren. Bei den Romanen der Marlene Streeruwitz ist es umgekehrt.

Also: nein. Man sollte die Romane der Marlene Streeruwitz nicht ohne Beipackzettel lesen. Da hieße zu viel zu verpassen.

1 Marlene Streeruwitz: »Vom Leben der Hamster in Schuhschachteln / Schuhschachtel 1«, in: dies.: »Gegen die tägliche Beleidigung. Vorlesungen«, Frankfurt/M. 2004, S. 9–13. — **2** Marlene Streeruwitz: »Sein. Und Schein. Und Erscheinen. Tübinger Poetikvorlesungen«, Frankfurt/M. 1997, S. 34. — **3** Marlene Streeruwitz: »Lisa's Liebe. 2. Folge.«, Frankfurt/M. 1997, S. 73. — **4** Marlene Streeruwitz: »Können. Mögen. Dürfen. Sollen. Wollen. Müssen. Lassen. Frankfurter Poetikvorlesungen«, Frankfurt/M. 1998, S. 39. — **5** Streeruwitz: »Sein. Und Schein. Und Erscheinen.«, a. a. O., S. 8. — **6** Streeruwitz: »Können. Mögen. Dürfen. Sollen. Wollen. Müssen. Lassen.«, a. a. O., S. 40.

Alexandra Kedveš

»Geheimnisvoll. Vorwurfsvoll. Aber zusammenhängend.«

Marlene Streeruwitz' Romane, Frauengeschichten, Männersprache

Die Frau ist entweder passiv oder sie existiert nicht, diagnostizierten Hélène Cixous und Catherine Clément 1975 in »La Jeune Née«.[1] Die beiden Feministinnen verstehen die patriarchale Agenda als Binarisierung der Welt: »Weiblich« stehe für Passivität, für Natur, im Gegensatz zu Kunst, Verstand, Aktion. Der logozentristische Mann versuche, die Frau zum Schweigen zu bringen (»Phallogozentrimus«). Marlene Streeruwitz hielt noch Ende der 1990er Jahre in ihren poetologischen Überlegungen an einer derartigen klassisch feministischen Opferlogik fest und leitete daraus ein zweipoliges ästhetisches Universum ab. Ausgehend von einem zugleich psychoanalytisch-metaphysischen und soziologisch-historischen Ansatz entwickelt sie ein Modell des Schreibens, ihres Schreibens, das von der Interpunktion bis zur Botschaft klare Richtlinien kennt – und sich gegen die patriarchale Kultur, gegen die patriarchale Sprache, die Sprache der Unterdrückung wendet. Damit katapultiert sie ihre Argumentation in die typische Aporie postmoderner Feminismen, die patriarchale, hierarchische Binaritäten zugleich behaupten und als Konstrukt entlarven (Cixous); in jene Aporie, die dann entsteht, wenn die Binaritäten aufgelöst werden und zugleich dem Phallo- beziehungsweise Logozentrismus ein neuer Pol, ein Anderes entgegengesetzt werden soll (Luce Irigaray[2]). Aber Streeruwitz treibt diese Ambivalenzen noch einen Schritt weiter: Sie staffiert dieses problematische Andere mit, wenn man so will, typisch patriarchalen Mustern aus, mit ästhetischen Verfahrensweisen, die, auf den ersten Blick, dem Gestus des Entbergens unterdrückter Gefühle, dem propagierten Ziel einer femininen Subjektivität, zuwiderlaufen. Ihre theoretische Kontradiktion – die quasi-patriarchale definitorische Strenge und Enge ihres Schreibmodells, die der Idee einer befreiten weiblichen Kunst widerstrebt – scheint ihr Pendant im Formenkanon ihrer Prosa zu finden, der vom Entwicklungsroman über den (parodistisch anzitierten) Albumroman zum biografisch-orientierten Reisebericht reicht. Marlene Streeruwitz schreibt in konventionelle narrative Muster – in patriarchal verstandene Blickweisen – ihre formale Opposition ein und richtet sich simultan am Ideal einer anderen Kunst aus. »Ich gehe davon aus, daß Erkenntnis von Freiheit möglich ist. Ich gehe aber auch davon aus, daß alle dominanten Ausdrucksformen unserer Kultur diese Erkenntnis aktiv unterdrücken, indem die ersten Versuche, frei zu sein, in der Abtrennung von der Mutter mit Sprachverboten belegt werden«, hält die Autorin in ihren Tübinger Poetikvorlesungen »Sein. Und Schein. Und Erscheinen.«[3] fest.

Ein kurzer Blick auf Marlene Streeruwitz' Poetik soll zeigen, wie die Autorin selbst das Phänomen einordnet, was hier als Oberflächenspannung verhandelt und untersucht werden soll. Im Weiteren wird diese Oberflächenspannung in ihrer Prosa – ihre Heterogenität und deren polyvalenter Bedeutungshof – analysiert, ausgehend vom Debütroman »Verführungen«, über einen Abstecher zu »Lisa's Liebe.« und eine Lektüre von »Nachwelt.« bis hin zu »Partygirl.«. All diese Romane können als Variationen auf die Grundproblematik und Grundthematik gelesen werden, die Streeruwitz selbst als Konflikt zwischen Subjektivem und Objektivem benennt, zwischen eigener Sprache und einem Sprachgebrauch, der dem ›patriarchal‹ sozialisierten Leser keinen Widerstand entgegensetzt, der eine leichte ›Lesbarkeit‹ suggeriert. Streeruwitz geht, operierend mit bestimmten ästhetischen, sozusagen feministischen Grundkonstanten, formal immer neue Wagnisse ein.

Bedeutungsbildende Möglichkeiten der Leere

In »Sein. Und Schein. Und Erscheinen.« postuliert die Autorin eine Loslösung vom männlichen Blick, der ein Blick nach oben beziehungsweise von oben herunter sei, ein »Blick zu Gott« beziehungsweise ein nachgeahmter »Blick Gottes« (S, S. 20), ein Blick, der vom Individuum ablenkt – und vom schmerzlichen Verhältnis mit der Frau, die es gebar. Streeruwitz fordert nicht den Zugang zur männlichen symbolischen Ordnung; diesen könne eine Frau durchaus innehaben, wenn auch nur in simulierter Form, als Epigonin und verachtetes Geschöpf. Sie hofft vielmehr auf eine Befreiung von jener Blindheit, mit der schon die kleinen Kinder geschlagen würden. »Die Grundfrage, die an Texte gestellt werden muß, ist die Frage, ob es sich um Medizinmänner handelt, die die Blickrichtung bestimmen und die Schau des Selbst vorflüstern. Oder ob es sich um Texte handelt, die den eigenen Blick suchen und die zurück zur Selbstbefragung führen und damit zur Möglichkeit, der Angst vor dem Blick in sich eine Sprache zu finden und die Angst aus dem Nichts in ein Beschreibbares zu entbergen.« (S, S. 35) Streeruwitz macht in der Mutter-Kind-Beziehung eine psychologische Grundkonstante aus – einen gegenseitigen Hass, verursacht durch die Unfreiheit, die beide Teile einander auferlegen (müssen). Und sie vermutet eine Tabuisierung dieses Themenkomplexes in der Gesellschaft, die Angst, sich darüber zu äußern, und den Verlust der Kommunikationsformen über diese Fragen. Die Unterdrückung sei ein Grundbestandteil der patriarchalen Kultur, die im Grunde weder der Frau noch dem Kind Rechte einräume. »Weiterhin macht die

Sprachlosigkeit die Situation nicht beschreibbar, nicht eingrenzbar und transportiert den Infantizid wie den Patrizid weiter.« (S, S. 31) Kurz, Marlene Streeruwitz verbindet spekulative psychoanalytische und soziopolitische, hier nicht im Einzelnen zu untersuchende Argumente, die das Mörderische unserer Kultur belegen sollen: »(...) dominant vom Kulturgut als dem Wahren, Edlen, Guten und Schönen verführt, sind wir schlafende Agenten des Patriarchalen. Zu reden ist von Mord.« (S, S. 42) Auf dieser Basis entwickelt sie das Konzept einer widerständigen, einer anderen Ästhetik.

Ähnlich wie bei Julia Kristeva bewegen sich in diesem ästhetischen Raum – einem marginalisierten und schwer zu erkämpfenden Raum – nicht nur Frauen, sondern auch avantgardistische Künstler. »Einzig die Moderne hat den Blick im konsequenten Auf-sich-selbst-gerichtet-Sein in die Vereinzelung geführt und damit Freiheit ermöglicht.« Die jeweils personale Sprache, die sich aus einem solchen Blick entwickelt, »bedarf (von ihrem Leser wie von ihrem Schöpfer, Anmerkung der Verfasserin) immer der Anstrengung, sich der imperialen Blickformen zu entledigen. Die beiden großen konsensualen, autoritären Sprachen des Blicks zu Gott und Gottes Blick, simuliert, diese beiden großen patriarchal begründeten Blöcke haben sich gegen die notwendig individualistisch zersplitterten Ausdrucksmöglichkeiten der Moderne durchgesetzt. (...) Heute leben. Gestern oder vorvorgestern denken.« (S, S. 20 f.)

Mit ihrer eigenen literarischen und dramatischen Sprache will sich die Autorin gleichfalls den beiden »großen patriarchalen Blöcken« widersetzen – ohne sich allerdings im modernistisch Unverständlichen zu verlieren. Ihre Versuche in die radikal subjektivistische Richtung hält sie mittlerweile für verfehlt. In ihren Geschichten von Frauen, die regelmäßig in Opfer-Täter-Beziehungen gefangen sind, von Frauen, die regelmäßig unter der Last zusammenbrechen, die ihnen die Gesellschaft mit den weiblichen Rollenmustern auferlegt, ist, so Streeruwitz, ein zumindest formaler Keim von Freiheit inhärent. »Ich habe durch die Notwendigkeit des Akts der Beschreibung eines Unsagbaren im Ausdruck zu Kunstmitteln wie Stille, Pause, dem Punkt als Würgemal und dem Zitat als Fluchtmittel gefunden, um damit dem Unsagbaren zur Erscheinung zu verhelfen. Und das Unsagbare zumindest in ein Beschreibbares zu zwingen. Die bedeutungsbildenden Möglichkeiten der Leere auszuschöpfen.« (S, S. 48) Und an anderer Stelle ergänzt sie: »Der vollständige Satz ist eine Lüge. Im Entfremdeten kann nur Zerbrochenes der Versuch eines Ausdrucks sein. (...) Mit dem Punkt kann der vollständige Satz verhindert werden. Der Punkt beendet den Versuch. Sätze sollen sich nicht formen. Nur im Zitat findet sich selig Vollständiges. Im Stakkato des Gestammels. In den Pausen zwischen den Wortgruppen ist das Suchen zu finden. Nach sich. Nach Ausdruck.« (S, S. 76) Was hier verdächtig nach sozusagen patriarchaler Simplifizierung klingt, nach einer Metaphysik der Form auch, die hinter jener der derridaschen *différance* weit zurückbleibt, welche das

Signifikat ins Unendliche verschiebt, mit anderen Worten: das Eins-zu-eins-Sagbar-Machen eines Unsagbaren mit dem klar identifizierten Stilmittel des Abwürgens (des Punktes) und der Flucht (des Zitats), gewinnt in der Prosa von Marlene Streeruwitz strukturbildende Kraft.

Dass und warum die Autorin die konventionelle Lesbarkeit nicht verlässt, nicht verlassen möchte, dass und warum sie sich im Quasi-Patriarchalen bewegt, erläutert sie in ihren Frankfurter Poetikvorlesungen »Können. Mögen. Dürfen. Sollen. Wollen. Müssen. Lassen.«. »Es ging darum, wie die Setzung fixieren. Wie dem Subjektiven einen Ort schaffen, an dem es nicht flüchtig sich verliert, aber auch nicht in das Objektive eingibt und damit Träger des Objektiven wird. (...) Es ging um die Frage, wie kann der Text die Haltung der Schreibenden tragen und dennoch zu verstehen sein. (...) Ich mußte einen Ort finden, an dem meine Kontingenz mit der des Lesers in eins fällt. Einen Raum, an dem die Geschichte des Lesers und der Leserin ihren Platz findet. (...) Ich suchte eine Möglichkeit, die nicht zu erzählende Geschichte, die Geschichte, die nicht erzählt werden kann, weil ihr keine Sprache zur Verfügung steht, jedenfalls keine verständliche, einzubauen und ihr damit zumindest Raum zu geben. Gesucht war nicht-aggressive Existenz in Stärke. Die Nicht-Invasion. (...) Ich denke, daß im Punkt auf der formalen Ebene mein Geheimnis verborgen ist und von da auf die Gesamtstruktur zurückstrahlt.«[4]

In der lesbaren Oberfläche soll das Unsagbare ins Erscheinen gezwungen werden, und sei es in Formen der Leere. Marlene Streeruwitz präsentiert ihre Prosa als Expression eines dominanten Diskurses samt seinen obligaten Schwarzen Löchern, in denen der Anti-Diskurs sitze. So ist die glatte Oberfläche voller Spannung. Im Rahmen dieser Ästhetik lässt sich Marlene Streeruwitz' Prosa strukturanalytisch und feministisch untersuchen: Die Texturen der österreichischen Autorin weisen insofern eine Oberflächenspannung auf, als sie stilistisch und strukturell Heterogenes verknüpfen. Welche Implikationen diese Heterogenität haben kann, welche Ambivalenzen sich dem Leser auftun (das »valere« sei hier als eine rezeptionsästhetische Kategorie begriffen), soll in textimmanenter Lektüre und vom externen Punkt streeruwitzscher Poetologie aus gefragt werden.

»Verführungen.«

Bereits »Verführungen.« (1996) operiert mit dem ambivalenten Schillern der Struktur. »Verführungen.« erzählt ein Dreivierteljahr im Leben von Helene Gebhardt, erzählt von einer Zeit, in der die allein erziehende Mutter zweier Töchter von einer Enttäuschung in die nächste taumelt und außerdem die Demütigungen anderer Frauen miterlebt und mitleidet. Auf 300 Seiten lässt Marlene Streeruwitz einen einzigen, durch keine Kapitelunterteilungen unterbrochenen, indirekten *stream of consciousness* fließen.

Die diversen Handlungsstränge lassen sich, wie bei konventionellen Erzählmustern, kurz resümieren. Vier Aspekte eines Frauenlebens werden zu exemplarischen Opfergeschichten stilisiert: die Ehe, die Freundschaft, die Arbeit, die Liebe. Da ist zum einen die Auseinandersetzung mit dem Noch-Ehemann: Er zahlt nicht, interessiert sich nicht für die Kinder, droht, wird gewalttätig wie es einst der Vater war – dem sich die Mutter bis heute beugt; erst als Helene, endlich, einen gewieften Scheidungsanwalt mit der Sache betraut, deutet sich eine (finanzielle) Verbesserung der Verhältnisse an. Zum anderen gibt es ein Pendant zu Helene, die *worst-case*-Figur Püppi: Die beste Freundin Helenes ist bereits geschieden, leidet unter Depressionen, wird von diversen Liebhabern ausgenommen und verscherzt sich Helenes Freundschaft schließlich durch eine Affäre mit Helenes Mann; ihr Kind wird ihr weggenommen, und sie setzt ihrem Leben ein Ende.

Im Bereich der Arbeit erfährt Helene als Assistentin in einem dubiosen PR-Büro hierarchisch-patriarchale Strukturen, die den Tatbestand der sexistischen Diskrimierung durchaus erfüllen; schließlich kündigt sie. Und im vierten Bereich, dem der Liebe, erweist sich ein Geliebter nach dem anderen als Windhund, als beziehungsunfähig, verantwortungslos und bereit, die Geliebte um den letzten Schilling zu bringen; am Ende wird sie sich von ihnen allen gelöst haben.

Streeruwitz entwickelt also katastrophisch verlaufende Plots, die aber, aufgrund von Befreiungsschlägen Helenes – Scheidungsanwalt, Kündigung, Trennungen –, jeweils ganz zum Schluss eine Peripetie aufweisen; allein Helenes Pendant Püppi bleibt auf der Strecke. Ein einziges, aber entscheidendes Motiv im weiblichen Existenzkampf: die Mutterschaft, die Beziehung zu den Kindern, verändert sich im Verlauf der Erzählung nicht, sondern ist – bei der Protagonistin, nicht aber bei den anderen Frauengestalten – durchweg positiv besetzt, auch wenn Helene die Kinder auf Grund all der schwierigen Umstände bisweilen vernachlässigen muss und sich deshalb schuldig fühlt. Das Erzählmuster des Romans ist also ein durchaus konventionelles: ein Miniatur-Entwicklungsroman, der die Protagonistin *per aspera ad astra* führt oder doch zu einem kleinen Stück mehr Selbstbestimmtheit. Diese Dynamik wird, wie gezeigt, inhaltlich mehrfach durchgespielt. Gleichzeitig schreibt der Roman, ebenfalls auf einer inhaltlichen Ebene, eine binäre Gesellschaftsordnung weiter, mit dem Blick von unten nach oben zwar, aber doch gefangen im patriarchalen Koordinatensystem, den »Blick zu Gott« als »Blick zum Mann« imitierend. Die weibliche Sicht von den Rändern aus ist systemimmanent und doch systemkritisch: Sie zeichnet die hierarchisch-patriarchale Struktur nach; gerade als kritische Bestandsaufnahme gesellschaftlicher Verhältnisse ist sie immer auch deren Bestätigung.

Zunächst entspricht die Oberfläche auf der Ebene von Story und Plot also dem Buchtitel: Sie besteht aus vielen Verführungen zum konventionellen Lesen – und sei die Geschichte eine Anklage aller patriarchalen Konventionen. Diesem »objektivistischen« Lektüreverfahren begegnet die Autorin jedoch mit – formalen – Subjektivitätsindikatoren. Die Erzählperspektive, der Erzählrhythmus und die typischen Sprachmuster sollen nicht als »Träger des Objektiven« (siehe oben) funktionieren, sondern das Subjektive, das Unsagbare entbergen. Schon die ersten Sätze des Romans illustrieren das Zusammenspiel von Objektivem und Subjektivem. »Das Telefon läutete um 3 Uhr in der Nacht. Püppi war am Apparat. Helene müsse kommen. Sofort. Dringend. (...) Helene fragte sich, was sie diesmal vorfinden würde. Püppi hatte ruhig geklungen. Geheimnisvoll. Vorwurfsvoll. Aber zusammenhängend.« Die ersten beiden Sätze im Indikativ, in der Erzählzeit Imperfekt, machen Setzungen, bauen eine Welt. Doch die Mitspieler in dieser Welt sprechen Helene immer in der indirekten Rede an, gehen vermittelt auf sie und die Leser zu, voller rätselhafter Pausen und Punkte, voller Konjunktive: Sie ist der wahrnehmende – interpretierende – Fokus. Sie selbst muss sich immer wieder fragen, was sie vorfinden wird, oder worum es sich bei den Dingen handelt, die sie vorfindet (ist es Liebe? Freundschaft? ein Notfall? ein schlechter Scherz?). Was fassbar, greifbar bleibt, ist die Monatsblutung, sind die Flecken auf den Leintüchern im Hotel, auf dem Sessel bei einem Kunden, die Kopfschmerzen, der Schwindel, das Erbrechen, die Glassplitter in der Hand, die Spirale im Bauch; sind die Autofahrten durch Wien. Die Welt schrumpft auf Parkplatzgröße, auf Badewannengröße, die Welt sind die vielen Nebensächlichkeiten, die das Leben der allein erziehenden Mutter ausmachen. So ist das Objektive, der detaillierte Realismus ironischerweise und in Verkehrung des traditionellen Prinzips weiblich kodiert. – Das Große dagegen ist nur zerbrochen erträglich, nur dann, wenn die Syntax die »Würgemale« aufweist, die Narben der Verletzungen, für die sich keine Sprache findet. »Wie an den Tagen der Schmerz im Inneren verschlossen.« (S. 241)

Streeruwitz' Subjektivität zeigt sich als syntaktisch-feministischer Pointillismus. Das Verfahren, das hier mit dem Begriff Pointillismus bezeichnet werden soll, ist schon formell ein doppelt kodiertes, ein heterogenes: Der Realismus wird so weit radikalisiert, dass das Detail (»Schmerz«, aber auch »Fleck« usw.) groß wird wie ein Insektenauge unter der Lupe und der Zusammenhang sich auflöst; ein Schwarzes Loch des dominanten Diskurses. Diese radikalisierte Detailtreue gilt für die (blutigen) Realien des weiblichen Lebens wie, in syntaktischer Fokussierung, für seine Emotionalien; Marlene Streeruwitz definiert ihre Halbsatz-Ästhetik als Übersetzung weiblicher Wort- und (Lebens-)Atemlosigkeit. Daher soll hier im Weiteren vom syntaktisch-feministischen Pointillismus die Rede sein.

Die Perspektive wiederum, aus welcher der mehrfach kodierte Plot samt gleichfalls mehrfach kodierter Kulisse geschildert wird, ist eine dezidiert subjektive, weibliche. In ihr löst sich, wie ausgeführt, die Sprache der Gefühle in einen syntaktisch-feministischen Pointillismus auf – und hat metaphysischen Verweischarakter auf ein Unsagbares. Diese Doppelung ist in Streeruwitz' Poetik angelegt: Dort postuliert die Autorin, anders als die dekonstruktiven Postmodernen, ein identifikatorisches Übersetzungsverhältnis zwischen Zeichen und Bezeichnetem, und keines der *différance*. Damit transportiert das stilistische »Geheimnis« von Marlene Streeruwitz' Prosa, das zur Befreiung führen soll – der Punkt –, ironischerweise die Gefängnisstäbe im Handgepäck. Der syntaktisch-feministische Pointillismus kann also auf zweierlei Weise als in sich heterogener Gestus in einer heterogenen Textur gesehen werden: zum einen formal als gleichzeitige Radikalisierung und Auflösung des Objektiven; zum zweiten, im textfremden Ansatz, der Marlene Streeruwitz' Poetologeme zum Ausgangspunkt nimmt, als Stilmittel einer postulierten Übersetzungsmaschinerie, welche die Not der Frauen zu Gehör bringt.

Auf vielfache Weise also verschränkt die Textur jene Schreibweisen, die Streeruwitz als patriarchal ansieht, mit jenen, die sie als Suche nach dem Eigenen identifiziert: Der Plot referiert auf traditionelle Genres und Diskurse, präsentiert aber die Emanzipationsgeschichte einer Frau (und ihrer Selbstwahrnehmung). Realistische, scheinbar nicht entfremdete Kulissen situieren die Geschichte – aber in einer weiblichen Welt. Der pointillistische Stil in seiner Realienfreude schreibt die phallologozentrische Sprachgewissheit einerseits fort, entbirgt durch ihn aber angeblich Unsagbares, setzt – auch – Signale weiblicher Sprachlosigkeit. Grob gesprochen: ›Weibliche‹ Inhalte werden in ›männliche‹ Formen gegossen. Diese Struktur wiederum bestätigt jene feministischen Lektüren, die den Verlust, die Unterdrückung jeder weiblichen Sprache behaupten; geblieben sind nur die Formen des Patriarchats, in denen das Andere aber nistet. Eine derartige Verschränkung trägt also auch subversive Züge, zementiert und opponiert binäre Ansichten simultan.

Die Zentralperspektive selbst lässt sich, poetologisch gesehen, ebenfalls nicht auf eine Lesart reduzieren. Schon die Projektion einer klar umrissenen Erzählerinnenperspektive, eines Erzähl-Zentrums, stammt an und für sich aus dem Repertoire ›männlicher‹ Erzählkonzepte, »patriarchaler Blöcke«. Als Perspektive von den Rändern der Gesellschaft raut sie außerdem einerseits die Oberfläche der dominanten Kunstformen, wie Streeruwitz sie versteht, auf. Anderseits schreibt sie – wie schon die Syntax, der Stil – die Kategorien von Zeichen und Bezeichnetem und die Vorstellung von Eins-zu-Eins-Übersetzungsleistungen, von Zurichtungen fort: Eine direkte Übersetzung der weiblichen Sicht in den Roman hinein scheint erschreibbar. So erhält wiederum ein ›weiblicher Inhalt‹ eine ›männliche Form‹. Wieder werden binäre Ansichten zementiert und opponiert. Die Erzählperspektive ist die Matrix jeder Erzählung. Und hier darf, bildlich gesprochen, in der Mater-ix ein y-Gen vermutet werden. Die ungebrochene, ja radikale Erzählerinnenperspektive – die mit gebrochener (und metaphysisch gemeinter) Syntax operiert – wiederholt auf der Makro-Ebene die Ambivalenz, die im Erzählmuster von »Verführungen.« liegt.

Verführung, Würgegriff und Nicht-Invasion, strukturelle sowie formale Offenheiten und Geschlossenheiten, kurz die Oberflächenspannung und ihre Implikationen, platzieren diesen Roman dort, wo sich auch seine Protagonistin befindet: zwischen Ausbruch und Anpassung, zwischen Innovation und Resignation. Damit wird, in einer letzten Schleife, ausgerechnet jener als patriarchal verstandenen Eins-zu-Eins-Ästhetik Genüge getan, denn die Situation der Heldin wird in schlichter formaler Spiegelung erfasst. Die Geschichte der Frau(en) dieses und der folgenden Romane ist, wie schon die Püppis, die den Auftakt macht, »geheimnisvoll, vorwurfsvoll, aber zusammenhängend«.

»Lisa's Liebe.«

Die folgenden Romane von Marlene Streeruwitz können als Variationen auf diese grundsätzlich ambivalente Verfasstheit ihrer Prosa gelesen werden. Dem Fortsetzungsroman »Lisa's Liebe.« (1997) sei hier nur ein kurzer, kursorischer Blick gewidmet. In »Lisa's Liebe.« signalisiert schon die Oberfläche stil- und genrebildende Ambivalenz. Format und Gestaltung der drei Bändchen sind Zitat der Groschenromane vom Bahnhofskiosk: Frausein als – von Frauen zu konsumierende, zu adaptierende – Schablone. Dass das Porträt, das die drei Umschläge ziert, ein Konterfei der Autorin ist, geht jedoch über einen Gag hinaus. In der gerahmten Gleichmacherei des Genres steckt Persönliches, private Biografie; andersherum passt auch Subjektivstes in den vorgegebenen Rahmen – die Momentaufnahme gerinnt zum Standbild in einer patriarchalen Lebens-Lektüre. Die Fotocollage ist heterogen verfasst und für den Leser polyvalent aufgeladen, allerdings wird der Charakter des postmodernen Pastiche im Text nicht durchgehalten. Dort erzählt Streeruwitz' personale Erzählfigur wieder die schlichte (Opfer-)Geschichte einer frustrierten Tochter, frustrierten Liebenden, frustrierten Geliebten, einer still vor sich hin aspirierenden Schriftstellerin.

Am Anfang steht das Klischee: Volksschullehrerin verliebt sich in Arzt. Doch schon da tun sich Diskrepanzen zum Genre auf: Sie ist Ende 30, weder zart errötende Blume noch listenreiche Nymphe. Sie schreibt an den »Sehr geehrten Herrn Dr. Adrian« einen Brief, in dem sie sachlich ihren Seelenzustand mitteilt. Und wartet einen Sommer lang auf eine Antwort, die nie kommt. Die ersten zwei Bände sind als Rahmenerzählung aufgebaut – die personale Erzählerin lässt Lisas Geschichte eingebettet in jenen Sommer des

Wartens Revue passieren: ihre Kindheit als ungeliebtes Mädchen (der von den Eltern geliebte Bruder starb bei einem Unfall wie derjenige in »Nachwelt.«, die Mutter zeigt keine Solidarität wie in »Verführungen.«), die Ausbeutung ihres Körpers, der ständig zu dick oder zu dünn ist, die Ausbeutung ihrer Arbeitskraft, ihre Versuche, literarisch zu schreiben. Der dritte Band dagegen ist vornehmlich im Präsens, in präsentischer Subjektivität gehalten: Lisa in den USA, aufgebrochen aus österreichischer Enge und Enttäuschung, ausgebrochen, um nicht wiederzukehren. Ein Freitod in den Niagara-Fällen – dort also, wohin Hochzeitsreisen zum Happy-End führen – wird zumindest angedeutet. Die Romantrilogie verkehrt die Glücksdramaturgie des Groschenromans – und zugleich, zumindest in ihrem katastrophischen Potenzial, auch die der Ausbruchsgeschichte.

Die Fiktion zweier Ferien (Gosau, New York) – fast also wird, in den einzelnen Bänden zumindest, die Einheit von Ort und von Zeit beibehalten – begleiten Authentizitätsindikatoren, Historizitätsindikatoren: Fotos – vom Häuschen auf der Toffen Alm, Gosau (4. Juli bis 30. August) und von den Straßenschildern in New York (16. bis 46. Straße und Ocean Boulevard, Santa Monica). Dem (wie gezeigt ambivalent lesbaren) syntaktisch-feministischen Pointillismus, den Streeruwitz auch hier pflegt, wird eine Art optischer Pointillismus gegenübergestellt, der nicht subjektivierenden, sondern objektivierenden Charakter hat – welcher jedoch durch die handschriftlichen Bildlegenden gleich wieder relativiert wird. Eine Zwischenstellung nimmt dabei auch der Abdruck der Schreibmaschinen-Manuskripte Lisas ein, die, als Dokument eingefügt, einerseits Realismus suggerieren, und andererseits selbst wieder typische, allerdings radikalisierte, verdichtete Streeruwitz-Texte mit typischen Streeruwitz-Motiven sind. Die Oberflächenspannung geht so über jene von »Verführungen« deutlich hinaus, die Opposition zwischen objektivierenden beziehungsweise konventionell-leseverführerischen und subjektivierend-verfremdenden Verfahren wird wiederholt und verschärft: durch den über das Layout anzitierten Referenzrahmen Groschen- und Albumroman; durch den Gestus der Fotostrecke; durch das autobiografische Element, das sich als Joker zwischen Genresimulation, »Realismus« und radikaler Subjektivität positioniert. Eine (etwas angestrengte) heterogene Textur entsteht samt ihrem Streeruwitz-typischen ambivalenten Bedeutungshof.

»Nachwelt«

In »Nachwelt.« (1999) zitiert die Autorin schon im Untertitel ein objektives und ein subjektiveres Verfahren: »Ein Reisebericht. Roman«. »Nachwelt.« beschränkt sich formal auf zehn Tage: Der Reisebericht von Margarethe / Margaux (eine literarische Figur Lisas in »Lisa's Liebe.« hieß Margot) umfasst die Zeit vom 1. bis zum 10. März 1990, in der sie in und rund um Los Angeles über die Bildhauerin Anna Mahler, Tochter des Komponisten Gustav Mahler, für eine Biografie recherchiert. Während dieser Tage rekapituliert Margaux aber gleich zwei Frauenleben, jenes von Anna Mahler und ihr eigenes, Letzteres in ihren eigenen Erinnerungen, Ersteres in den Erinnerungen anderer, in Gesprächen mit alten Bekannten und Freunden Anna Mahlers. Für die Reise-Rahmenerzählung, zu der Margaux' persönliche Retrospektive gehört, gilt – wie für »Verführungen.« – dass ›weibliche‹ Inhalte in ›männliche‹ Formen gegossen werden – samt der ambivalent verfassten Dynamik eines Miniaturentwicklungsromans, die in Margaux' schmerzhafter Lösung von einem patriarchal-ausbeuterischen Geliebten liegt. Das biografische Material über Anna Mahler wiederum referiert Margaux als Textcollagen innerhalb des Reiseberichts. Die Erwartungen an das Genre Biografie erfüllt der Text freilich genauso wenig wie die an das Genre Reisebericht. Die Illusion eines geschlossenen Lebensbogens – und seiner Beschreibbarkeit – wird aufgehoben, die Beschreibung eines Lebens weicht der Beschreibung dessen, wie und welche Aussagen Margaux über dieses Leben sammelt. Zwar hat Marlene Streeruwitz statt des anti-subjektiven, entindividualisierenden Genres Groschenroman mit der Biografie ein sehr individuelles, aber doch im konventionell Objektiven, im Historischen verhaftetes Genre gewählt. Diesem Anspruch stellt sich jedoch schon der Titel »Nachwelt« entgegen. Die heterogene Textur wird wiederum im syntaktisch-feministischen Pointillismus angegangen, in Sätzen wie »37 Jahre waren die beiden zusammengeblieben. Dann.« Bereits dieses kurze Beispiel belegt die Oberflächenspannung der heterogenen Textur, legt eine Lektüre nahe, die Ambivalenzen wittert.

Die Deutung solcher Muster hat Streeruwitz, wie oben erläutert, bereits vorformuliert. »Im Entfremdeten kann nur Zerbrochenes der Versuch eines Ausbruchs sein« – und der biografische Gestus wird aufgebrochen: in Fragmente (statt einen Erzählfaden zu spinnen), in Dokumente des Subjektiven, in persönliche Eindrücke und Erinnerungen, die von der Protagonistin vom Tonband transkribiert werden. Die Spuren in der Nachwelt sind Tonspuren, Gedächtnisspuren, Gefühlsspuren, weniger Daten und Fakten. Anna Mahler als historische Gestalt bleibt Imagination. Streeruwitz' Konzept, die »Geschichte, die nicht erzählt werden kann« – hier die eines stürmischen Frauenlebens voller Kränkungen, nicht zuletzt jener der Ablehnung durch die Mutter – in die erzählte Geschichte einzubauen, nimmt die Form einer Stimmencollage voller Pausen an, voller Rätsel und Fragen. Das Arrangement liegt freilich in der Hand der Erzählerin. Biografie, jenes Genre, das sich an Fakten, Daten, Lesbarkeiten, traditionelle kulturelle Codes und Stories zu halten hat, das eine (auch) referierende Funktion zu erfüllen hat, wird in eine fiktionale Form verwoben, die mit Pausen und Fragmenten die Oberfläche der »dominanten Ausdrucksformen unserer Kultur«, die Oberfläche unserer Sprache und ihrer Gesetzlichkeiten aufreißen soll.

Den dergestalt ambivalent verfassten biografischen Torso umhüllt der »Reisebericht«: noch eine Genresimulation. Das Wort »Bericht« impliziert Objektivität, und was unter den Datumsangaben folgt, sind minutiöse Schilderungen – voll mit Bauch- und Wadenkrämpfen, Toilettenbesuchen, Parkplatz- und Fahrproblemen. Die pointillistisch gehaltene Nahsicht auf die Details im Leben der Protagonistin auf Reisen brüskiert jede konventionelle Erwartung hinsichtlich eines Reiseberichts, gibt aber, wie gehabt, dem Objektiven einer marginalisierten weiblichen Existenz großen Raum. Der neutrale Berichterstatter als Träger der Erzählperspektive, den der Untertitel »Reisebericht« nahe legt, wird durch eine entschieden weibliche Perspektive abgelöst. Torso wie Hülle suggerieren einen »patriarchalen Blick«, der aber durch – heterogene, mehrdeutige – strukturelle (Collage), stilistische (Pointillismus) und inhaltliche Elemente dekonstruiert wird; von der Fotostrecke, die in einer späteren Ausgabe hinzugefügt wurde, sei hier nicht die Rede, es sei allerdings auf ein verwandtes Verfahren in »Lisa's Liebe.« verwiesen.

Margaux' Geschichte selbst ist die übliche, wie wir sie seit »Verführungen.« kennen: verquälte Kindheit, verquälte Männergeschichten, verquälte Arbeitswelt; eine kleine Hoffnung, dass sie ihr Leben ändert, wenn sie zurückkommt nach Wien, wo sie eine Tochter hat. Hier spielen die Ambivalenzen von »Verführungen.«: Eine winzige Emanzipationsgeschichte, von den Rändern aus erzählt, aber eben doch systemimmanent, dekoriert mit naturalistischen Details einer weiblichen Existenz. ›Weiblicher‹ Inhalt in ›männlicher‹ Form, auch hinsichtlich der alles ordnenden Zentralperspektive – die aber, wie gehabt, Sätze mit »Würgemalen« (und metaphysischem Überbau) generiert. In diese Struktur verklammert sich – über die biografistischen Fragmente – die Geschichte Europas, Österreichs, der ›braunen‹ Jahre; verklammern sich die kleinen (Opfer-)Geschichten zweier Frauen, Manon (mit Wiener Wurzeln) und deren Tochter Lynn (und Enkeltochter Charly), die Margaux tatkräftig bei ihren Recherchen unterstützen. Der Reisebericht gerät so zum Reservoir für unterschiedliche Erzählformen weiblicher Biografien, die wiederum in die – männliche – Kriegsgeschichte eingebettet sind. Andersherum gesehen: Objektive Geschichte spiegelt sich in subjektiver Lebenserfahrung, das Marginale beherbergt den dominanten Diskurs – eine kleine rebellische Volte, die allerdings die alten Binaritäten verlängert.

»Nachwelt.« produziert im Vergleich mit den anderen Romanen von Marlene Streeruwitz die größte Oberflächenspannung. Denn der Reisebericht mit biografisch-dokumentarischen Aspirationen arbeitet am direktesten und deutlichsten mit »antimodernistischen« Perspektiven, die wegführen vom »konsequent auf-sich-selbst-gerichteten Blick« und von »individualistischer Zersplitterung«, und zwar sowohl *in nuce* als auch in der Schale: Die geschilderten Ambivalenzen des Reisetagebuchs kehren in den biografischen Dokumenten selbst, in der Stimmencollage (»Petes Geschichte«, »Albrecht Josephs Geschichte« usw.), wieder. Es fällt auf, dass auch die männlichen Stimmen, die hier ausnahmsweise in scheinbar ungefilterter Form wiedergegeben werden und die den ›männlichen‹ (Gottes-)Blick auf die Frau (Anna) zelebrieren, in den pointillistischen Rhythmus verfallen (»Wäre sie jünger gewesen und ich älter. Dann.«, S. 137). Frauengeschichte als Männergeschichte im Frauenduktus: In den dokumentarischen Passagen fließt weiblicher Inhalt aus männlichem Mund, der weibliche Sprache produziert, eingeordnet von weiblicher Hand in ein persönliches Reisetagebuch – noch eine rebellisch-ironische Volte: das Männliche-Patriarchale als Fußnote. Die Menschen, die hier auf Vergangenes blicken, leben vom »Dann« und der Pause danach: vom nicht ausgeführten Traum, von der nicht erzählten Geschichte, die in dieser Atempause liegt. Männer wie Frauen.

Die heterogene Textur von »Nachwelt.« leistet mehr Verkehrungen von Dominanz- und Unterdrückungsdiskursen als die anderen Texte, verklammert sie inniger. Mit dem Einsatz von mehr Techniken und Perspektiven des Objektiven bei deren gleichzeitiger Subjektivierung nimmt Streeruwitz' Feminismus postmodern-dekonstruktive Formen an. Die Polyvalenz wird durch die Metaphysik einer Eins-zu-Eins-Übersetzung, durch die klar definierte feministische Botschaft weniger konterkariert als bisher. Das Modell von »Verführungen.« wird in »Nachwelt.« potenziert, das Spiel mit Ambivalenzen auf mehreren strukturellen Ebenen erweitert – und gereicht so der Prosa zum Gewinn: Der Erzählradius öffnet sich, ohne dass er sich in eine konventionelle epische Struktur einspannen ließe. »Was beschreibbar bleibt, ist das Leben als exemplarische Schnittstelle aller komplexen Strukturen, die uns bilden, die aber wiederum von uns mitkonstituiert werden. Und zwar jedes Leben so. Jeder Augenblick. Jedes Frühstück etwa.« (S, S. 60). In »Nachwelt.« ist diese Beschreibung am besten gelungen.

»Partygirl.«

»Partygirl.« (2002) operiert mit einer ähnlich heterogen gestrickten Textur wie »Verführungen«. Wieder wird aus einer – klar definierten – weiblichen Perspektive eine Opfergeschichte erzählt, das Frauenleben einer ungeliebten Schönen, einer inzestuös Missbrauchten (vom großen Bruder, den sie sehr liebt), einer Gebrauchten, Benutzten. Wieder gibt es eine lieblose Mutter, einen gewalttätigen Vater und schließlich finanzielle Schwierigkeiten. Von der Syntax bis zur Makrostruktur finden sich die gleichen Verfahren. Wiederum wird mit dem syntaktisch-feministischen Pointillismus gearbeitet. »Sie wollte niemanden so nahe. Über sich. Niemanden«, weiß sie bald, und trotzdem ist da ständig einer über ihr, nimmt ihr den Atem, raubt ihr die Luft – hackt die Sätze ab, hinterlässt Würgemale , verursacht Herzklopfen, Schwindel, Kopfschmerzen, Periodeschmerzen. Wiederum wird eine patriarchal-objektive Form der Weltbeschreibung, detaillierter Realismus, mit weiblichen Inhalten gefüllt. Entsprechend wird das Konzept einer Zentralperspektive aufrechterhalten, diese aber, wie gehabt, weiblich definiert – womit freilich die konventionellen Binaritäten fortgeschrieben werden.

»Partygirl.« wiederholt also die stilistische und strukturelle Heterogenität von »Verführungen.«, eröffnet denselben polyvalenten Bedeutungshof. Im Unterschied zu »Verführungen.« aber umfasst »Partygirl.« 50 Jahre, ist eine rückwärts laufende Biografie ohne den »Faction«-Anspruch von »Nachwelt.«, ein Stationendrama mit genauen Zeit- und Ortsangaben von »Oktober 2000. Chicago« bis »Juni 1950. Baden«. Ohne das Genre zu sprengen oder auf grafische Elemente zu bauen, konventionalisiert Marlene Streeruwitz ihren Roman, räumt dem »imperialen Blick« mehr Platz als in »Verführungen.« ein. Die Objektivität der Koordinaten fängt ein Frauenleben samt seiner Subjektivität ein, die Kapitelüberschriften rahmen es ein – so, wie die Umschläge der »Lisa's Liebe.«-Trilogie mit ihren (konventionellen) Implikationen das Gesicht der Autorin einrahmen. Mit dem Schritt vom ungehindert fließenden *stream of consciousness* Helenes in »Verführungen.« zum klar datierten Stationendrama Madelines geht die Autorin in ihrer Annäherung an die Objektivität beziehungsweise an das, was sie als Lesbarkeit versteht, deutlich weiter als in ihrem Romandebüt, in gewisser Weise auch weiter als in »Nachwelt.«, weil dort mit einer dekonstruierenden Collage-Technik aufgehoben wird, was hier strikt durchgeführt wird – eine konventionelle, auktoriale, wenn auch ambivalent lesbare Matrix.

In ihren poetischen Überlegungen referiert Streeruwitz wiederholt auf den Blick in den Spiegel. Es gehe um die »Frage, wieviel ich ›Ich‹ bin und wieviel auf mich eindringende Welt. Reflexion und Offenlegung all der Splitter von Leben, die (...) den Blick auf sich verstärken oder verhindern. (...) Es muß in einer nicht patriarchalen Poetik um Entkolonisierung gehen. Darum. Daß nicht einfach nur neu gedacht werden kann. Sondern, wie anders gedacht werden kann. Wie ein Anders-Denken möglich werden kann, obwohl wir keine andere Sprache als die patriarchale kennen. Und wie anders geschrieben werden kann. Obwohl wir keine andere Sprache als die patriarchale können.« (K, S. 21 f.) In den gleichen Vorlesungen beschreibt Streeruwitz, wie sie sich anfangs in »lyrische Prosa« verlor, die den »Bewußtseinsstrom auflöste«, in »endlose Wortlandschaften«, in kaum noch rekonstruierbare Orte. »Das eigene Geheimnis war so beschrieben, daß es vollkommen zu einem endgültigen Geheimnis geworden war. (...) Nichtssagend fremd geworden.« (K, S. 54) Von Roman zu Roman wagt sie sich nun, wie sich feststellen lässt, mehr in die patriarchalen Sprachterritorien hinein. Sie gesteht, wie sich nur vermuten lässt, dem Schillern ihrer Texte im Sinne ihrer Poetik eine größere entbergende Kraft zu. Die weiblichen (Lebens-)Themen, für die Marlene Streeruwitz ursprünglich für »jede Frau ihre eigenen Sprachen« forderte (K, S. 34), fasst sie nun für sich in einer Ästhetik, die nicht auf einem Konzept der eigenen Sprache basiert.

In »Partygirl.« zitiert Streeruwitz die Objektivität suggerierende, filmisch-realistische Technik der Datierung. Der Bewusstseinsstrom der personalen Erzählerin wird unterbrochen, von auktorialer Hand ein- und ausgeschaltet. Dabei ist der Beginn auch schon das Finale: In der Neuen Welt ist Madeline – wie Lisa – am Ende angekommen, die Party ist vorbei. »Partygirl.« leistet sozusagen eine psychoanalytische Lektüre, zurück bis zum Schulmädchen mit Traum, das zur Sechzigjährigen mit Trauma heranreifte und nie älter wurde. Die Dame mit den bezeichnenden Namen Madeline, Mädi, Mäd, durchläuft ein ganzes Leben auf ihren eleganten Beinen und lässt sich immer wieder enttäuschen, bleibt in den immergleichen Beziehungsfallen hängen, bleibt ein verrücktes Mädelchen: Der subjektive Seelenzustand kontrastiert als (kindhaft weibliche, keineswegs positiv dargestellte) Konstante die rückwärts laufende, objektive Uhr – und damit der ›Inhalt‹ die Form. Gleichzeitig erteilt der Text so eine Absage an den leisen Optimismus von »Nachwelt.« oder auch von »Verführungen.«, wo die ersten selbstbestimmten Schritte Helenes tatsächlich eine Verbesserung der Situation herbeiführen, und an den Ausbruchsversuch in »Lisa's Liebe.«, der Befreiung und Selbstbestimmtheit immerhin als Möglichkeit andeutet. In »Partygirl.« bricht die Sechzigjährige zu Füßen ihres sterbenden Bruders zusammen, ringt um Atem wie der Sterbende, während aus dem Walkman Bob Dylans »May you stay forever young« dudelt – böse Ironie und der falsche Wunsch für eine, die nie erwachsen geworden ist, für ein Partygirl.

Aber auch die Großform der Kapitel selbst erweist sich als doppelt kodiert: Die verkehrte Chronologie ist eine Rückführungsgeschichte, jede Station bleibt eine Variation über die Urbilder, die Urgeheimnisse, den (selbst-)mörderischen Vater, den Inzest mit dem Bruder – die unerzählten Geschichten. Die konventionelle Entwicklungsdramaturgie – in »Nachwelt.« noch eine Lektüreoption – wird *ad absurdum* geführt, was aber keine Befreiung andeutet. Die auktoriale Rückführungsmatrix voller Leerstellen ist im Grunde eine patriarchal-freudianische, nicht nur aufgrund der auktorial ordnenden Hand, sondern weil sie, inhaltlich gesehen, Mädi keine Chance gibt, sie in ihrer Weibchen-Rolle festschreibt; weil sie eine simpel-kausal operierende Lektüre nahe legt, einen Ursachen-Mythos wie im Übrigen auch die anderen Romane, dort aber nicht mit der gleichen formalen Konsequenz; und weil sie, schließlich, durch ihre Objektivitätsindikatoren die konventionelle Lesbarkeit erhöht. Andererseits umspielen die datierten Stationen das Unausgesprochene, die Metaphysik von Madelines Leben ebenso wie die pointillistische Syntax der Würgemale es tut – oder die Leerstellen zwischen den Kapiteln, die andere Zeiten und Orte suggerieren, beispielsweise zwischen »September 1957. Baden« (auch ein autobiografisches Element) und »Mai 1960. Wien«. Gerade in der Genauigkeit des Koordinationssystems spricht die Absenz von Jahren, Aufenthalten Bände, besser: eine eigene Sprache, Streeruwitz' Sprache der Pause, der Stille – aber ohne nichtssagende Fremdheiten.

Die Spannung hat sich, tendenziell, von der Oberfläche in den Innenraum verschoben. Doch noch immer zeichnet sich die Textur durch Heterogenität aus: durch das polyvalente Schillern der Konstruktion vom syntaktisch-feministischen Pointillismus über die Perspektiven (personal / auktorial) bis hin zur Mehrfachkodierung der retrospektiven Chronologie. Sie fasst eine Kapitulationsgeschichte aus einer marginalisierten Position – und setzt Signale des nicht-erzählten Leids. »Aber das mit Rick. Es wäre schon besser, sie sähe Rick länger nicht.« (S. 340) Marlene Streeruwitz hat ihren Stil des Verschweigens perfektioniert, so weit perfektioniert, dass Madelines Lebensdramen über 400 Seiten lang immer nur als Nebengeschichten, in Andeutungen, Halbsätzen aufleuchten – und sich doch zum Ganzen zusammensetzen. Sie hat ihn soweit perfektioniert, dass sie immer mehr auf patriarchale Erzählverfahren zurückzugreifen wagt. Noch einmal: »Im Entfremdeten kann nur Zerbrochenes der Versuch eines Ausdrucks sein.« In »Partygirl.« wurde das Zerbrochene formal teilweise zurückgenommen, auch wenn die Heterogenität der Form und ihr polyvalentes Schillern auch in diesem Text essenziell sind. Die Entkolonisierung im streeruwitzschen Sinne wurde weiter vorangetrieben. Das eigentlich Zerbrochene aber ist – anders als, ansatzweise, in »Verführungen.«, »Lisa's Liebe.«, »Nachwelt.« – die Protagonistin. Die Löcher im dominanten Diskurs sind tiefschwarz. Die Ästhetik zur »Erkenntnis von Freiheit« besitzt nur noch die Freiheit, Geschichten der Unfreiheit Atem zu verschaffen, einen langen Atem. Die biografistische Textur bedeutet hier, im Vergleich zu »Nachwelt.«, Verengung – öffnet aber vielleicht den streeruwitzschen Erzählhorizont für neue Erzählverfahren.

»Jessica, 30.«

Ihren jüngsten Roman »Jessica, 30.« (2004) setzt Marlene Streeruwitz allerdings nicht in diesen erweiterten Erzählhorizont. Stattdessen kehrt sie, auf den ersten Blick, zu »Verführungen« zurück: Der (weibliche) *stream of consciousness* wird nicht durchbrochen, noch nicht einmal von Kapitelüberschriften. Das Titelblatt kündigt zwar an: »Roman. Drei Kapitel«, Letztere sind aber lediglich durch den Seitenumbruch gekennzeichnet. »Verführungen.« arbeitete mit einer rückblickenden personalen Erzählerin, Gespräche wurden in der indirekten Rede voller Konjunktive wiedergegeben, und so schuf die Erzählsituation von vornherein Distanz und stellte die Sprache als vermittelnde und vermittelte Strategie aus. »Jessica, 30.« dagegen ist aus drei Monologen aufgebaut: Streeruwitz nutzt hier die Direktheit theatraler Strategien, der Zweifel an einer patriarchalen Sprache scheint dem Vertrauen in den unmittelbaren Ausdruck gewichen zu sein, der Text ist weniger widerständig. Die Übersetzung von ›Wirklichkeit‹ in erzählte Wirklichkeit wird fast im Sekundenstil geleistet: Das erste Kapitel zeigt Jessica Somner auf dem Weg zum Joggen, beim Joggen und wieder daheim; in Kapitel 2 erlebt sie einen desaströsen Abend bei sich zu Hause; und in Kapitel 3 fliegt sie von Wien nach Hamburg. Auf rund 250 Seiten werden in drei Abschnitten also jeweils ein paar Stunden geschildert, wie sie in der Gedankenwelt der Protagonistin vergehen. Und diese wenigen Stunden finden im Abstand von wenigen Wochen statt. Ganz anders als in »Partygirl.« hat Marlene Streeruwitz den zeitlichen Rahmen ihres Romans eng begrenzt, fast schon die Einheit von Zeit und Raum gewahrt. Zwar kommt es auch hier zu (gedanklichen) Sprüngen, die bis in die Kindheit der Heldin führen – doch die Perspektive bleibt immer jene von Jessica, 30 Jahre alt.

Jessica hat in Wien Germanistik und Philosophie studiert und in Berlin promoviert, hat eine Weile für den »Falter« geschrieben, war zeitweilig in New York und bemüht sich gerade, in einer zweitklassigen Frauenzeitschrift richtig Fuß zu fassen, wo sie bisher als Volontärin schrieb. Sie besitzt zwei kleine Wohnungen, hat aber keine Geschwister (auch keine toten), keine Kinder, keinen Mann, keine echten Freundinnen. Sie ist im Guten wie im Schlechten die wohl unabhängigste Hauptfigur im Werk der Österreicherin. Es gibt zwar immer noch klassische Streeruwitz-Motive in »Jessica, 30.«: Jessicas derzeitiger Geliebter etwa hat Frau und Kinder, ist ein Windbeutel, ein (rechter) Politiker und entpuppt sich mit der Zeit als krimineller Macho der übelsten Sorte. Aber die wirklich schmerzhafte Liebesenttäuschung liegt bereits hinter ihr, und wenigstens auf ihre Eltern kann sie sich, mehr oder weniger, verlassen. Ihre Mutter ist Lehrerin und hat sich früh – rechtzeitig – von ihrem Mann getrennt; sie hilft ihrer Tochter, wenn sie kann. Der Vater hat eine Freundin im Alter seiner Tochter, was das Verhältnis zu Letzterer aber nicht allzusehr belastet. Kurz: Jessica ist eine Protagonistin aus einer anderen Generation als die vorhergehenden Heldinnen; sie wurde, auch was Mode, Film und Fernsehen angeht, anders sozialisiert und funktioniert anders.

Wieder, wie in »Verführungen.«, folgt der Plot dem Modell des Entwicklungsromans, wieder entsteht Spannung durch die Systemkritik, die gleichzeitig eine Fortschreibung des binären Gefüges bedeutet. Jessica versucht, sich mit einem Befreiungsschlag (gegen ihren Geliebten und ihre Chefredakteurin) wenn schon nicht zu behaupten, so zumindest zu rächen. »... Alles wird gut, ich muss nur die Praterhauptallee hinauf- und hinunterrennen« (S. 5), lautet der erste Satz; ob schließlich wirklich alles gut wird, bleibt bis zum letzten offen – aber die Heldin ist immerhin buchstäblich in Bewegung. Ihr Ausgangspunkt ist freilich völlig verschieden von dem Helenes, da sie in den Siebzigern in einen frauenbefreiten Zeitgeist hineingeboren wurde und ihr Zugriff auf ihre Umwelt analytischer ist. Die Unsicherheit jedoch ist fast noch schlimmer geworden: Jessica macht sich zahllose neurotische Gedanken über ihre Erscheinung und ist damit auch Opfer einer männlichen Sicht auf die Frau – aber diese Art von Gewalt ist subtil und uneindeutig; und sie hätte mehr Möglichkeiten zum Ausbruch.

Die in früheren Romanen teils schwarz-weiß gehaltenen Opfergeschichten changieren hier zunehmend ins Grau. Auch stilistisch: Der syntaktischfeministische Pointillismus, immer noch Indikator der Atemlosigkeit, der Gehetztheit dieser jungen Frau, die ständig auf dem Sprung ist (sie springt für ihre Figur, ihre Chefin, ihre Männer ...), wird hier stärker ›realistisch‹ motiviert und hat, als Übersetzung ihres unsteten Herumspringens, weniger die Aura quasi-metaphysisch aufgeladenen weiblichen Schweigens. »(...) die Männer sind Wechselbälger, seit dem Alfred nur noch irgendwelche und die Beziehungsproblematik und keine keine Aussicht auf eine Festigkeit, Job kriegt man keinen mehr (...).« (S. 48) In der *loneliness of a long-distance runner* macht dieses mentale Luftschnappen Sinn.

So wiederholt die Autorin stilistisch, was sie schon in Bezug auf die Perspektive entwickelt hat: Der Text wird schlichter, weniger sperrig, liest sich ›konventioneller‹. Wurden früher mehr oder weniger eindeutige Geschichten durch die Form uneindeutig, polyvalent, so gilt nun umgekehrt: Die ambivalente Story eines Underdogs (einer Underbitch) steht zur klaren, strengen, einfachen Form in einem Spannungsverhältnis. Schon in »Partygirl.« wurde das Zerbrochene formal teilweise zurückgenommen – die Antiheldin selbst blieb als Scherbenhaufen zurück. Hier geht Marlene Streeruwitz in ihrem Sprach-Entkolonisierungsbemühen noch zwei Schritte weiter, oder sie wagt sich, andersherum, ohne Rüstung in ›männliches‹ Territorium. Zum einen nutzt sie ›klassische‹ Strukturen, die Unmittelbarkeit simulieren: Bedeutete schon die biografistische Textur von »Partygirl.« Verengung, so sind die drei ›Bühnenmonologe‹ von »Jessica, 30.« noch engmaschiger gestaltet. Weniger Leerstellen tun sich auf, Streeruwitz mutet dem Leser die Illusion einer direkten Übersetzung des vermeintlich Unsagbaren zu, baut also nicht auf formale Brechungsstrategien. Zum anderen sieht sich ihre Protagonistin selbst nicht als Zerbrochene. Als sie ins Flugzeug nach Hamburg steigt, gleitet sie nicht (weiter) ab, selbst wenn ihr Manöver als Schachzug in einem patriarchalen Spiel gelten muss. Dass sich außerdem eine gleichberechtigte Partnerschaft mit einem netten Lehrer ergeben hat, erfüllt Jessica mit Hoffnung: Auch dies ist nicht gerade eine radikal feministische Wende – aber ist es eine (auch narrative) Kapitulation oder ein Triumph? Hat das System seine Underbitch endgültig assimiliert? Die inhaltliche Ambivalenz bleibt. Aber formal

wie inhaltlich-dramaturgisch riskiert Marlene Streeruwitz die Nutzung un-
gebrochener konventionell-›patriarchaler‹ Muster: Die Polyvalenz ist in der
Textur nur noch andeutungsweise auszumachen und allein von der extern-
feministischen Sichtweise her zu interpretieren. Die Utopie einer Sprache
außerhalb des männlichen Kolonialraumes scheint keine Rolle mehr zu spielen – der Roman einer jungen Frau wird in ungebrochene Formen gegossen:
ein Spiegel, eine Übersetzung für das Leben in Zeiten des Postfeminismus,
für seine Kraft und für seine Schwäche. Marlene Streeruwitz jedenfalls hat
die ›patriarchalen‹ Muster für ihr eigenes Schreiben geradezu entpolyphoni-
siert. Und gewinnt dadurch eine neue erzählerische Leichtigkeit.

Resümee und Ausblick

Begreift man die heterogene Textur von »Verführungen.« als Grundmodell
für die Bildung polyvalenter Bedeutungshöfe, wie die Autorin sie in ihre
poetologischen Versuchen präsentiert, so lassen sich Marlene Streeruwitz'
Romane als Variationen dieses Modells lesen, das an den Modernisten Maß
nehmen und doch der Lesbarkeit verpflichtet sein soll. Es ist nicht eigentlich die Leere, die bedeutungsbildend wirkt, sondern das polyvalente Schillern der sich konstituierenden und auflösenden lesbaren, patriarchal verstandenen Muster. Marlene Streeruwitz' Prosa suggeriert den Klang einer mal
leiseren, mal lauteren Stimme des Weiblichen, und, schlussendlich, den
Klang des Ich. Die immer wieder ähnlichen Figurenkonstellationen, ja, Figurennamen (Margot, Madeline, Margaux, Marlene (!)) überraschen daher
nicht. Eine andere, nur vordergründig unmoderne Untersuchung könnte
sich mit Marlene Streeruwitz' heterogener Prosa als einer Form autobiografischen Schreibens befassen. Marlene Streeruwitz' Romane, insbesondere
»Nachwelt.«, »Jessica, 30.« allerdings weniger, spielen – in keineswegs
bachtinsch-karnevalesker Manier – auf verschiedenen Ebenen mit den poly-
phonischen Möglichkeiten des Genres. Doch trotz ihrer formal-strukturel-
len und interpretatorischen Offenheiten referieren sie im Grunde auf ein prä-
dostojewskisches auktoriales Romanmodell. (Auto-)Biografie, kein Spiel.

---

1 Vgl. Hélène Cixous / Catherine Clément: »La Jeune Née«, Paris 1975, S. 115 f. — 2 Vgl.
Luce Irigaray: »Ce sexe qui n'en est pas un«, Paris 1977, S. 24. — 3 Marlene Streeruwitz:
»Sein. Und Schein. Und Erscheinen. Tübinger Poetikvorlesung.«, Frankfurt/M. 1997, S. 25.
Im Folgenden zitiert mit der Sigle S und Seitenangaben im Text. — 4 Marlene Streeruwitz:
»Können. Mögen. Dürfen. Sollen. Wollen. Müssen. Lassen. Frankfurter Poetikvorlesungen.«,
Frankfurt/M. 1998, S. 54 ff. Im Folgenden zitiert mit der Sigle K und Seitenangaben im Text.

Claudia Kramatschek

Zeigt her eure Wunden! – oder: Schnitte statt Kosmetik

Vorentwurf zu einer (weiblichen) Ästhetik zwischen Alltagsrealismus und
›trivial pursuit of happiness‹

1 Die Zukunft neu erfinden

»Verführungen.« – oder: Kein Entkommen nirgends?

Als Marlene Streeruwitz 1996 mit »Verführungen.« ihren ersten Roman ver-
öffentlichte, sorgte dieser nicht allein deshalb für Aufsehen, weil die Autorin damit vom Theater, wo ihre literarische Karriere den Anfang genommen
hatte, zur Prosa wechselte. »Verführungen.« war vor allem so etwas wie ein
Fanal: Denn plötzlich war der weibliche Alltag, der motivisch bis dato als
nicht wirklich literaturfähig galt, in eben den Rang von Literatur erhoben –
Literatur übrigens *at its best*.

At its best: Weil schon dieser erste Roman von Streeruwitz sich aufgrund
seiner äußerst kunstvollen literarischen Mittel[1] nicht mehr in eine (wenn
überhaupt noch existente) »Frauenliteratur« ghettoisieren ließ, wie sie Ende
der sechziger Jahre bewusst als feministisch-politischer Terminus von Seiten
der Frauen selbst eingeführt worden war, um im Sinne der 68er Parole »das
Private ist politisch« das männliche Arkadien auch der Literatur zu unter-
höhlen. Als Begriff und Phänomen ist diese Literatur mittlerweile selbst ent-
leert, ja diskreditiert worden, weil sie jenem Weichspüler-›Feminismus‹ zum
Opfer fiel, der Mitte der neunziger Jahre in Gestalt von Autorinnen à la Hera
Lind und Buchtiteln wie »Frauen, die Prosecco trinken« den Markt über-
flutete; ein Opfer eben der Umklammerung seitens des gleichen Marktes,
dem die Frauenliteratur sich erst als ebenbürtiges Konkurrenzprodukt zum
männlichen Autorenmodell entgegenzustellen hatte. In diesem Weichspü-
lerfeminismus aber schien vor allem eines machbar: nämlich alles! Und das
hieß: Kinder, Karriere, Küche. Propagiert wurde demnach ein weibliches
Rollenmodell, das sich als (feministischer) Fortschritt tarnte, sich aber unter
der Hand als tückisches Rollback erwies. Die Latte war hoch gehängt, alte
Rollenbilder wurden zugleich verhärtet.

Eine Erfüllungsgehilfin des Patriarchats im Nessusgewand der Frauensoli-
darität ist Marlene Streeruwitz aber ebenso wenig wie sie einfach nur das
Hohelied an der feministischen Klagemauer singen würde. Im Gegenteil.
Schon mit ihrem ersten Roman öffnet die Autorin die Blende auf das Ganze

ihres literarischen Universums: auf ihre Kritik an den Mechanismen der Ausbeutung und der subtilen Unterdrückung von Frauen durch Männer sowohl in der Liebes- als auch in der Arbeitswelt; aber auch auf die Analyse von Macht- und Konkurrenzmustern der Frauen untereinander. Und vor allem herrscht hier ein unerbittlicher – und wenn überhaupt gerade darin erlösender – Blick auf den Ist-Zustand des weiblichen Daseins, das laut Streeruwitz immer nur als ein unauflösbares Paradox gedacht werden kann aufgrund der unausweichlichen Verhältnisse, in denen Frauen leben müssen und zugleich nicht leben können: »Es gab aber keinen Ausweg. (...) Helene fühlte sich ins Leben gepreßt. Sie wußte, warum alles so war. Und wer welche Rolle spielte. (...) Und es half nichts.«[2] Außer: das Leben zu leben in der Maske der Erstarrung – wie es sich als weibliches Widerstandsmodell *ex negativo* noch für Madeline, Helenes späte Nachfahrin im Roman »Partygirl.« erweist.

Leben ist damit so etwas wie das tägliche Grab der schönen Seele Frau, aus dem es kein Entrinnen gibt – »Liegenbleiben und versinken. (...) Alles hinter sich lassen.«[3] ist alles, was Helene sich wünscht. Streeruwitz zieht den Vorhang an jener Stelle zur Seite, an der das Kino abblenden würde. Der Verweis auf den Film erfolgt dabei nicht zufällig – so etwa, wenn Helene die scheinbar unverwüstbare Schönheit von Film-Göttinnen wie Anna Magnani oder Monica Vitti bestaunt oder sie sich sehr wohl über das Leben in der Fernsehwelt wundert, in der niemand jemals bügeln oder putzen muss. Denn auch die Kunstform des Films, das möchte Streeruwitz sichtbar machen, arbeitet an der großen Lüge des Glücks, dem Versprechen eines schönen Scheins, wie es in Zeiten einer durch die Massenmedien bestimmten Wahrnehmungswelt gerade Frauen wieder und wieder vorgemacht wird: die Seifenglanzoper als Trivialmythos der Gegenwart.

Streeruwitz setzt dieser Verführungskraft des Trivialen als Medium der Entzauberung jedoch den so genannten »Sachertorten-Diskurs« entgegen: einen Alltagsrealismus, der zeigt, was (nicht allein) das Kino verschweigt. Dazu zählt auch und vor allem die unendlich mühevolle Arbeit an jenem Unendlichen, das den Frauen Alltag heißt – hungrige Kinder, immer wieder kochen oder eben eine Sachertorte backen, Elternabende besuchen und defekte Waschmaschinen reparieren, und dazwischen die Arbeit der Liebe, um die Männer glücklich zu machen, die selbst nicht geben können. »Obszön« nennt Helene diesen Selbstbedienungsladen ›Frau‹: »Helene sah sich bitter zu, wie sie funktionierte. Wie alle anderen auch. Immer. (...) Niemand schrie. Niemand heulte.«[4]

Es ist somit die prosaische, auf die hässlichen Niederungen der Alltäglichkeit zurück geworfene Wirklichkeit selbst, die Streeruwitz in den Rang der Kunst erhebt. – Eine Wirklichkeit, die es für Georg Lukács, die männliche Ikone der Romantheorie, gerade aufgrund ihrer Prosaik noch zu überwinden galt, weil laut seiner »Theorie des Romans«[5] das »biologische und soziologische Leben (...) eine tiefe Neigung«[6] hat, in einem dumpfen Sog des »Immanenten« zu verharren. Und natürlich bedarf es für diese Schlacht eines männlichen Helden, der den Roman selbst zur »Form der gereiften Männlichkeit«[7] kürt ...

Streeruwitz' Ansatz darf demnach getrost als feministische Relektüre verstanden werden. Denn ihr geht es nicht nur um Verschiebungen innerhalb der immer noch vom männlichen Blick bestimmten literarischen Inhalte. Sie zielt vielmehr mit solch einer ästhetischen Neupositionierung auch auf die Literatur als Ganzes: Auf den Ort, wo sie auch Machtinstanz ist, weil hier noch immer jene (geschlechtsspezifische) Macht wirkt, die Frauenbilder ›macht‹ und damit auch Frauen zu ›Frauen‹ macht (man denke nur an die moralisch-pädagogischen Lesedebatten rund um das ›schöne Geschlecht‹ mit Aufkommen des bürgerlichen Lesepublikums im 18. Jahrhundert). Die durch Lektüre den Frauen eingeimpften Rollenbilder waren somit ebenso Grundstein des Weiblichen wie das Bild der Frau selbst Grundstein im Fundament der Literatur wurde. Erinnert sei hier nur – und es wird noch einmal darauf zurückzukommen sein – an die Formel der ›schönen Leiche Frau‹, dem Gegenbild zur ›schönen Seele‹, die wohl so alt ist wie die Literatur selbst. Auch das ein Unendliches; etwas, das schon gewesen sein wird und wovon sich auch – nicht umsonst ist dieser erste Roman mit dem Untertitel »3. Folge« versehen – immer schon nur erzählen lässt: ohne Anfang, ohne Ende. Denn noch immer ist die Anatomie das Schicksal der Frau.

Aber: »Es gibt keine Utopie für Frauen«, so sagte Streeruwitz einmal in einem Interview.[9] Denn jegliche, auch eine feministische Utopie wäre eine erneute Verklärung der Verhältnisse, vor allem der Geschlechterverhältnisse. Daher hilft allein der Gang in ein Atopia – und der tägliche Blick in den Spiegel, eine Schau des Selbst, in der (für beide Geschlechter wohlgemerkt) allein beginnen kann, was Streeruwitz mit all ihren Texten fordert: Aufklärung. Aushalten, was ist, auch wenn der Schmerz der Erkenntnis das Bestehende vorerst nicht ändern kann. Und: eine eigene Sprache schaffen – die aber immer nur eine Sprache für das Enteignete des Selbst sein kann; immer nur Sprache innerhalb der Sprache, weil wir, so Streeruwitz, »keine andere Sprache als die patriarchale können«[10].

Eine solche Sprache hätte aber auch – um Streeruwitz' Frankfurter Poetikvorlesungen in einem Satz zusammenzufassen – zur Aufgabe, noch formal den Raub, den der mediale Schein am Sein vornimmt, kritisch aufscheinen, widerspiegeln zu lassen. Der Punkt, mit dem Streeruwitz ihre Texte und damit das Dickicht des Unsagbaren spielerisch und zugleich messerscharf perforiert, ist deshalb vielleicht das bis dato trickreichste literarische Schnittmuster einer weiblichen Ästhetik *ex negativo* für das, was (nicht) sein kann.[11]

»Lisa's Liebe.« – oder: Wider den Kitsch als Narkotikum der schönen Seele
›Frau‹

Die Irritation ist gewollt: Vom falschen s-Apostroph im Titel bis hin zur
äußeren Aufmachung ist »Lisa's Liebe.« ein einziges (ironisches) Zitat der so
genannten Heftchenromane. Schließlich war diese Textsorte im Schatten der
im 20. Jahrhundert sich zur Massenware wandelnden Literatur entstanden,
um fortan in schematisierter Form qua garantiertem Happy End ihre (letztlich religiös geprägten) Versprechungen von Glück und Erlösung wie Man-
na darzureichen; Versprechungen, die eine durch Entfremdung gekenn-
zeichnete Massengesellschaft gerade nicht mehr bieten kann.

Streeruwitz, deren Literatur einer Aufklärung durch Selbsterkenntnis im
strengen und radikalen Sinne verpflichtet ist, setzt mit diesem Prosawerk –
der Geschichte der Volksschullehrerin Lisa Liebich, die sich unglücklich in
den ortsansässigen Arzt verliebt, doch das Glück letztlich allein in L.A. suchen wird – ein poetologisches Diktum um, das sich in ihren Tübinger
Poetikvorlesungen findet: dass Lesen und Schreiben (als Strategien der Selbsterkenntnis) alle Formen von Texten einzubeziehen habe. Denn, so die
Begründung dieses erweiterten Textbegriffs, auch die Literatur prägt die Leer-
stellen des Ich, die *terra incognita* unserer eigenen Geschichte. Und keine
Form von Texten mag unser Bewusstsein umfassender, da auf unbewussten
Wegen zu erreichen als die alltäglichen subtilen Leerformeln der medialen
Sprache: Werbung, Annoncen, kurz: all das Formelhafte des Trivialen, *das*
Narkotikum der Gegenwart.

Die Heftchenromane – Liebesgeschichten aus dem Heimat- und Arzt-
milieu, beides findet sich übrigens in »Lisa's Liebe.« wieder – sind dabei Narkotikum für Frauen, die ausgewiesene Zielgruppe dieser Textgattung. Allein
an sie richtet sich das Versprechen auf ›Erfüllung‹: eine Erfüllung, die ihnen
die Realität versagt (und immer nur versagen kann). Ihnen gilt der Trost (und
die Einübung darein), dass das Warten in züchtiger Enthaltsamkeit sich
lohnt. Somit sind die Heftchenromane nicht nur eine weitere Schaltstelle
zwischen der Literatur und den geschlechtsspezifischen Prägungen des Ich.
Für Streeruwitz sind sie gar »die erste Enklave einer gesellschaftskritischen
Aufklärung«[12] – und das ist so ironisch wie wortwörtlich gemeint, denn allein
die ironische Analyse, das heißt der Schnitt ins dunkle Herz, kann Gegen-
wehr sein, um die *terra incognita* des Ich zu erhellen.

Streeruwitz bedient sich daher in ihrem Groschenheft-Roman der formalen Strukturen dieses Genres: Denn ihr gelingt, das Genre ironisch zu bre-
chen, es quasi mit den eigenen Waffen zu schlagen, indem sie dessen formale
Struktur selbst sichtbar macht und es somit ins Leere laufen lässt. So fällt
beispielsweise in »Lisa's Liebe.« die Einheit von Bildersprache und Textebe-
ne nicht nur auseinander, sondern beider Funktionen werden sogar zugleich

vertauscht.[13] Zudem unterläuft der Roman die Leseerwartung auf ein Happy End, wenn Lisa am Ende der Trilogie gen L. A. aufbricht – *dem* kalifornischen Ort, wo die Verheißungen von Freiheit ihr Zuhause haben und sich auch Margarethe Doblinger, Hauptfigur in »Nachwelt.«, tummeln wird –, und somit jenes Rollenmodell ausschlagen wird, das für sie als Frau, Leserin und Groschenheftfigur vorgesehen ist.

So scheint auch Lisa auf dem Weg in eine zwar offene und unbekannte, aber immerhin eigene Zukunft; wie Helene, die in der Schlussszene von »Verführungen.« auf dem Gang in einem Arbeitsamt anzutreffen ist, um ihr Leben (vielleicht?) endlich selbst in die Hand zu nehmen. Damit haben beide ein »ganz kleines Eigenes gerettet«[14]; für Streeruwitz die einzig denkbare Form, Zukunft für Frauen (literarisch) zu denken, ohne das Seiende im erneuten Kitsch einer idyllisierenden Abendröte zu retuschieren.

Dennoch deutet sich eine Art Entwicklung an. Denn hatte Streeruwitz in einem ersten Schritt mit »Verführungen.«, dieser »beschädigten Chronik eines beschädigten Frauenlebens«[15], dem Ist-Zustand der Mutterschaft und damit dem weiblichen (Nicht-)Blick in der Literatur einen Platz geschaffen, repräsentiert sie in »Lisa's Liebe.« mit Lisas Emanzipation einen weiteren Schritt: die Form des weiblichen Entkommens. Ein Entkommen, das immer nur zeitweilig möglich ist. Und ein Entkommen, das immer nur in den Text möglich ist: einen Text, zu dem das eigene Leben gerade als Frau sich stets verwandelt, wenn das Schreiben als Medium der Erkenntnis wahrgenommen wird!

Als eine Art ›Trauerarbeit‹ bezeichnet Streeruwitz solches Schreiben in ihren Tübinger Poetikvorlesungen. Gemeint ist damit die notwendige Rückbesinnung der und des Einzelnen auf jene Momente und Strukturen, in denen Eigenes verloren ging. Denn Erinnerung ist für Streeruwitz die Grundlage allen Schreibens. Lisa Liebich kommt somit mehr als nur Kunstcharakter zu, wenn sie *creative-writing*-Kurse besucht und Tagebuch zu führen beginnt: Lisa Liebich ist alle Frauen (und alle Männer), denn alle sollten schreiben. Nicht allein, weil die Bastionen des Privaten, so Streeruwitz, in einer Art ›kleinen Literatur‹ Eingang finden sollten. Streeruwitz gelingt hier wie nebenbei auch die ironische Wendung des literarischen Mediums Tagebuch, das historisch eher ›weiblich‹ konnotiert ist und als marginale Form des Schreibens geächtet wird.

A propos weibliche Ironie in der Literatur: Sie darf, wie schon im Falle Ingeborg Bachmanns, als Markenzeichen von Streeruwitz' literarischem Schaffen gelten. Und wie bei Bachmann ist auch die streeruwitzsche Form der Ironie immer wieder gerne der blinde Fleck der Rezeption; vor allem, wo diese dem männlichen Blick geschuldet ist. Dass es für weibliche Ironie keinen Raum, weil keine Deutungsmuster zu geben scheint, beklagte Streeruwitz bereits an verschiedenen Stellen.[16] Liegt diese Blindheit vielleicht in der

Natur der Sache, wenn man bedenkt, dass *eironeia* jene Verstellung meint, die Männern schon immer als das Teufelswerkzeug der Frauen galt?

»Majakowskiring.« – oder: Wider das Wüten des Fremden in der Sprache des Eigenen

Auch Leonore, Wirtschaftsjournalistin und 52-jährige Hauptfigur in der Erzählung »Majakowskiring.«, ist eine Frau, die lange darauf wartet, dass sich die Liebe für sie erfüllt, und die am Ende doch weggehen wird. Dass sie ihren Koffer beim Aufbruch in ein Anderswo in einer fast übermütigen und symbolischen Geste in den Müll werfen wird, ist das äußere Zeichen einer bei Streeruwitz ungewohnten Befreiung, mit der sie dieses literarische Stück Landvermessung zwischen ungewolltem (Liebes-)Abschied und unsicherem (Lebens-)Aufbruch versieht. Leonore kann daher zugleich als eine Vorläuferin des »Partygirl.« erachtet werden: Denn wie Madeline Ascher kündigt auch Leonore bereits die an Frauen gerichtete Erwartung auf, immer weiter zu funktionieren, egal was (nicht) passiert. Überhaupt kann die schmale, aber gehaltvolle Erzählung im bisherigen Prosawerk von Streeruwitz als eine Art Zwischenglied gelesen werden, mit dem sich der Übergang von einer ›Trilogie des Weiblichen‹ zu jenem ›Forschungsprojekt des Ich‹ vollzieht, das durch den Roman »Nachwelt.« eröffnet wird.

Denn mit »Majakowskiring.« erhebt sie das geschichtskritische Bewusstsein, ohne das bereits ihre Poetikvorlesungen nicht zu denken sind, nun auch literarisch stärker zum Thema ihres Schreibens. Bereits hier verknüpft Streeruwitz die Frage des Privaten mit der Frage des Politischen durch die Überblendung beider im inneren Monolog ihrer Heldin, wenn diese sich nicht nur an ihr eigenes Leben erinnert, sondern auch an die Geschichte der Villa von Otto Grotewohl, in der sie für die Dauer der Erzählung weilt.

Die Villa ist somit ein Ort der Macht, doch dieser Ort der Macht erzählt nicht allein von einem Regime, das einzig durch Unterdrückung das Gesellschaftsgefüge, sprich: die Ordnung zu bewahren wusste (und hierin, so Streeruwitz' provokante These, nur eine subtile Variante der westlich-liberalen Ökonomie darstellt, da beide Systeme ihre Macht aus dem Moment eines ›Mangels‹ beziehen). Zugleich aber wirft sie die weiter greifende Frage nach dem Fortwirken der Geschichte auf, indem sie die Geschichte als beständige Gegenwart denkt: »Hier in Pankow hatten Leute gewohnt. Wohnten immer noch. Die solche Verhaftungen veranlaßt. (...) Liefen irgendwo noch die Fäden der Beobachtung zusammen. (...) So wie die Nazis in Wien immer noch irgendwo in Kellern weiter die Arme hochgerissen und geschrien hatten und jetzt langsam wieder ans Licht kamen.«[17] – Eine Warnung mithin, dass die seelischen Narben der Maßregelung fortleben, die jede

Geschichte ihren Individuen nicht nur wie einen Stempel aufdrückt, sondern wortwörtlich auf den Leib zu brennen vermag.

Geschichte, daran erinnert Streeruwitz mit dieser Erzählung, ist immer ein Schlachtfeld: Weil sie noch bis in die intimsten Winkel des einzelnen menschlichen Körpers ausgreift – aber zugleich nicht erinnert werden darf. Die konzise Zerstückelung der Grammatik, ein sperriger Atavismus der Wortbrocken, die Zerschlagung der Verben ist Streeruwitz' literarischer Protest gegen das (stumme) Wüten des Fremden in der eigenen Sprache.

2 Zurück in die Zukunft

»Nachwelt.« – oder: Eine Poetik des Suchens wider den kolonialen Blick

Mit »Nachwelt.« wendet sich Marlene Streeruwitz in ihrer Prosa zum ersten Mal einer historischen Frauenfigur zu: der Bildhauerin Anna Mahler, der nach L. A. exilierten Tochter von Gustav und Alma Mahler. Zehn Tage weilt Streeruwitz' Erzählerin Margarethe Doblinger in L. A., um diverse Zeitzeugen und Freunde von Anna Mahler für eine geplante Biografie über sie zu interviewen. So wird der Roman eine Zeitreise: Für Margarethe, die in L. A. ihr bisheriges Leben Revue passieren lässt; eine Reise aber auch zurück in die Zeit der Shoah, zu der damit verbundenen Emigration nicht nur von Anna Mahler – und zu deren Nachwehen in der Gegenwart (siehe »Majakowskiring.«).

Die Biografie, die Margarethe zu schreiben plant, wird letztlich scheitern. Denn Streeruwitz reflektiert damit im Roman selbst die Frage, wie ein Leben und vor allem ein durch die Shoah, die Emigration und die Erfahrung von Entwurzelung, von ›Zerstückelung‹ gekennzeichnetes Leben ›geschrieben‹, also erzählt werden kann. Und sie gibt die Antwort zugleich selbst: Nur als Mosaik – entsprechend jener »Poetik des Suchens«, die laut Streeruwitz dort der Fall sein kann, »wo wir einander im Suchen finden können«[18]. Es ist somit der Entwurf einer Literatur, die sich wenn überhaupt nur ›im Prozess‹, im Bruchstückhaften ihrer selbst nahe der Wahrheit des Lebens: dessen Nicht-Beschreibbarkeit entlang bewegt. (In den Roman sind übrigens fast unbearbeitet übernommene Passagen aus Interviews eingebaut, die Streeruwitz einst selbst in L. A. geführt hat.)

So verwundert nicht, dass Streeruwitz für diesen Roman auf das Prinzip der Collage zurückgreift – und damit formal jenes Moment des Performativen wiederholt, das der Punkt als strukturierendes ästhetisches Merkmal bereits auf der syntaktischen Ebene einlöst.[19] Wie nebenbei entwirft der Roman dabei – während er die Möglichkeit, sich ein anderes Leben schreibend beziehungsweise erzählend anzueignen, beständig unterläuft – eine Art

›Tafelbild des Weiblichen‹, mit dem es Streeruwitz darzustellen gelingt, welche ›Arbeit‹ es bedeutet, ›Frau‹ zu ›sein‹. Denn formal überlagert Streeruwitz in diesem Roman das Collage- und das (filmische) Serialisierungsprinzip, um ihre Heldin Margarethe immer wieder erst als (unglücklich) Liebende (und damit die Arbeit der Liebe), als Journalistin (und damit die Arbeit, Künstlerin und / oder Frau zugleich zu sein), und als Person im öffentlichen Raum (und damit die Arbeit am Körper: Kleidung, Make-Up, Kaufen, Schön-Sein) zu zeigen.

Noch Margarethes Autofahrten die endlosen Highways auf und ab dürfen somit als bewusstes Kunstmittel gelesen werden: als die symbolische Eroberung jenes Sehnsuchtsraums ›Amerika‹, der in den klassischen Amerika-Romanen den sonst meist männlichen Helden vorbehalten ist, durch eine Frau (die Autofahrt als motivisches Synonym für das männlich kodierte Jagen, laut Streeruwitz wiederum ein Synonym für ›Teilhabe‹ bzw. die ›göttliche=allentscheidende Position‹[20], findet sich auch in »Partygirl.« wider). Zugleich aber setzt Streeruwitz dem Blick des männlichen Helden – der das Fremde eher nur als exotische Kulisse zur Wahrung beziehungsweise Rückeroberung des Selbst und somit immer schon nur aus der kolonialisierenden Zentralperspektive des ›auto‹ oder ›ego‹, sprich: wortwörtlich von oben herab erfassen kann – einen nicht-hierarchischen Blick entgegen: Quasi eine Rundschau, der immer gegenwärtig ist, dass der Blick auf das Fremde – und das Eigene – nie abschließbar, sondern immer nur bruchstückhaft sein kann.

»Partygirl.« – oder: Die schöne Leiche lüftet das Grab

»Partygirl.«: Was für ein wunderbar ironischer Titel für diesen Roman, der Parodie und Forschungsprojekt zugleich verwirklicht. Und wer sich rasch erinnert fühlt an die Nummern-Revuen, wie sie in den fünfziger und sechziger Jahren populär waren, folgt schon zwei assoziativen Fährten, die der Roman inhaltlich und formal auszulegen weiß:

Formal, da wir das Leben der weiblichen Hauptfigur Madeline Ascher in 13 Stationen gezeigt bekommen: Denn der Roman ist gebaut wie eine Rundschau und entspricht in seiner episodischen ›Zusammenstellung‹ genau jenem formalen Prinzip, nach dem auch die besagten Revuen strukturiert waren. Interessant und wichtig ist zu wissen, dass schon diese Revuen damit einem erzählerischen Prinzip gehorchten, das von der Montagetechnik und der Episodenreihung geprägt ist, die beide wiederum für das im 20. Jahrhundert seinen Aufstieg nehmende Medium Film beispielhaft sein werden. Und auch »Partygirl.« scheint wie mit einer Allround-Kamera erzählt.

Inhaltlich, da der Roman tatsächlich eine (erneute) Reise zurück in die Zeit ist: zurück vor allem in die fünfziger und sechziger Jahre, von denen der Roman eine Art mentales Sittenbild entwirft (das auch für Historiker von Substanz sein dürfte). Es sind nicht zufällig auch die Jahre, in denen die Autorin selbst aufgewachsen ist und damit jene unbewussten Prägungen erhalten hat, die laut Streeruwitz stets die Leerstellen in der eigenen Geschichte bilden, die allein und vor allem die Literatur zu erforschen hat. Daher kann, ja muss der Roman auch als Forschungsprojekt des (Autorinnen-)Ich verstanden werden (darf aber nicht als autobiografisch missverstanden werden). Im Fall von Madeleine Ascher gilt dies Forschungsprojekt einer durch die Ver- und Gebote des Katholizismus geprägten Kindheit, der schwierigen Rolle als Frau in solch einer Gesellschaft, und nicht zuletzt der Aufarbeitung eines in der NS-Zeit fußenden Familiendramas – kurz: dem ›Erbe‹ beziehungsweise den ›Sünden des Vaters‹.

Dieses Erbe gilt es zurückzuverfolgen – allerdings nicht in einem analytisch-erkenntnistheoretischem Sinne, weil dies in Streeruwitz' Augen die Gefahr der erneuten Verstrickung in sich birgt. Ihr geht es vielmehr darum, dies Erbe aus der Stummheit seiner Entgeschichtlichung zu entreißen und es wieder zu Sprache zu machen: damit »diesem Geheimnis der Rücken gekehrt werden«[21] kann. In »Partygirl.« ist dieses nicht allein darstellerische Diktum auf kunstvolle Weise gelöst. Denn Streeruwitz erzählt das Leben von Madeline in rückwärts gewandter Chronologie, beginnend in der Jetztzeit des Jahres 2000 und endend im Jahr 1957 – ein Roman, der somit mit einem Anfang endet (und dieses paradoxe Bild bewusst in seiner symbolischen Schwebe hält).

Nicht zu vergessen ist natürlich auch die demaskierende Parodie auf das literarische Vorbild – und damit nochmals auf die Literatur als Ganzes. Denn »Partygirl.« ist vor allem eine quasi feministisch gewendete Neuerzählung vom »Untergang des Hauses Usher«, einer der bekanntesten Schauergeschichten von Edgar Allan Poe – jenem Autor, der den Tod einer schönen Frau zum dichterischsten aller Gegenstände erhoben hat.[22] Nicht die Frau ist in Streeruwitz' Relektüre die abwesende Anwesende, die nur als Leiche aus der Gruft des Grabes heraus die Erzählung strukturieren darf. Hier ist es der Bruder, der – slapstickartig an einer Pizza erstickend – schon im ersten Kapitel stirbt.[23] Zu dieser innerliterarischen Auseinandersetzung mit der Literatur als Ort von Einübung in Rollenbilder zählen noch weitere solch kleiner Szenen; etwa, wenn Madeline sich ihrer Lektüre von Dickens- oder Tolstoi-Büchern erinnert, in denen vor allem eines gepredigt wird: die Aufopferung für den Anderen als Erfüllung der Frau.

Wenn daher das noch voller Aufbegehren strotzende kleine Mädchen als letzte Einstellung des Romans im Mosaik dieses weiblichen Lebens den Schluss bildet, triumphiert dessen ursprüngliche Lebendigkeit nicht nur im

Gedächtnis des Lesers, der Leserin. Wer genau hinsieht, erkennt: Diese auf-
begehrende Weiblichkeit rettet sich – noch im Körper der erwachsenen
Frau – letztlich durch eine Maskerade der Erstarrung: durch die *imitatio* der
Erfüllung genau jener negativen Utopie ihrer selbst, das die Männerwelt dem
Weiblichen aufzuerlegen sucht.

»Desmond Norma.« – oder: Ist das nun ein Raub oder eine Befreiung?

Männliche Utopien von Weiblichkeit haben sich schon oft als Dystopien
für Frauen herausgestellt. Zugleich hätte die Realität der Geschlechterverhältnisse, blickt man auf die Anzeichen des gegenwärtigen, sich fortschritt-
lich wähnenden Jahrtausends, noch von keinem Science-Fiction-Roman
besser (respektive: erschreckender) erfunden werden können. Dieser Fiktio-
nalisierung der Gegenwart blickt »Norma Desmond.« ins Auge; eine kleine,
hier abschließend angeführte Erzählung, die im Gewand einer *gothic novel*,
des Schundromans des 18. Jahrhunderts, daherkommt und den (männlichen) Traum vom Maschinenmenschen konterkariert, in dem das (weibliche) Prinzip der Fortpflanzung erneut (oder endgültig?) allein unter männliche Kontrolle gerät. Liest man die täglichen Nachrichten, so scheint
Streeruwitz' Zukunftsvision – Norma Desmond lebt im 23. Jahrhundert –
nicht mehr allzu fern.[24]

Feminismus ist, wenn's trotzdem lacht – das sagte einst Marianne Schuller,
eine der ›Mütter‹ der feministischen Literaturwissenschaft. Diese Worte
scheinen noch immer zu gelten. Keine Autorin aber weiß die parodierende
imitatio – die blitzende Waffe der Aufklärung – in so scharfen Bildern zu
inszenieren wie derzeit Marlene Streeruwitz. Aufklärung fängt mit Selbsterkenntnis an, Zukunft durch den erhellenden Blick zurück: als Frau, als
Mann, als Leserin oder Autor, Leser oder Autorin. Am besten noch heute,
und dann bitte täglich: »Jedes Frühstück etwa. – Hier gibt es Wahrheiten
aufzufinden.«[25]

---

1 Vgl.: »Das Jetzt der Existenz. Claudia Kramatschek im Gespräch mit Marlene Streeruwitz«,
in: »neue deutsche literatur« 2002, H. 5, S. 24 f. — 2 Marlene Streeruwitz: »Verführungen.
3. Folge. Frauenjahre.«, Frankfurt/M. 1996, S. 28. — 3 Ebd., S. 27. — 4 Ebd., S. 205. —
5 Georg Lukács: »Theorie des Romans«, Neuwied, Berlin 1971. — 6 Ebd., S. 79. —
7 Ebd. — 8 Ebd., S. 32. — 9 Claudia Kramatschek: »Es gibt keine Utopien für Frauen.

Entwurf zu einer Ästhetik zwischen Alltagsrealismus und ›*trivial pursuit of happiness*‹

Gespräch mit Marlene Streeruwitz«, in: »Freitag«, 20.2.1998. — **10** Marlene Streeruwitz: »Können. Mögen. Dürfen. Sollen. Wollen. Müssen. Lassen. Frankfurter Poetikvorlesungen.«, Frankfurt/M. 1998, S. 22. — **11** Vgl. Marlene Streeruwitz: »Sein. Und Schein. Und Erscheinen. Tübinger Poetikvorlesungen.«, Frankfurt/M. 1997, S. 48: »Ich habe durch die Notwendigkeit des Akts der Beschreibung eines Unsagbaren im Ausdruck zu Kunstmitteln wie Stille, Pause, dem Punkt als Würgemal und dem Zitat als Fluchtmittel gefunden, um damit dem Unsagbaren zur Erscheinung zu verhelfen. Und das Unsagbare zumindest in ein Beschreibbares zu zwingen. Die bedeutungsbildenden Möglichkeiten der Leere auszuschöpfen.« Zum ›Punkt‹ vgl. auch: »Sein. Und Schein. Und Erscheinen.«, a. a. O., S. 55: »Ich denke, daß der Punkt in der zerrissenen Sprache diesen Raum, diese Möglichkeiten schafft. Ich denke, daß im Punkt auf der formalen Ebene mein Geheimnis verborgen ist und von da auf die Gesamtstruktur zurückstrahlt. Ist da, wo wir einander im Suchen finden könnten.« — **12** Claudia Kramatschek im Interview mit Marlene Streeruwitz, Literaturhaus Frankfurt, 14.1.1998 (unveröffentlicht). — **13** Vgl. Claudia Kramatschek: »Marlene Streeruwitz«, in: »Kritisches Lexikon zur deutschsprachigen Gegenwartsliteratur« (KLG), München 1978 ff., 61. Nlg. (1999), S. 10. — **14** Vgl. Anm. 12. — **15** Doja Hacker / Wolfgang Höbel: »Daisy Duck hat gesiegt«, in: »Der Spiegel«, 11.3.1996. — **16** Vgl. Anm. 12 sowie »Das Jetzt der Existenz«, a. a. O. — **17** Marlene Streeruwitz: »Majakowskiring.«, Frankfurt/M. 2000, S. 27. — **18** »Können. Mögen. Dürfen…«, a. a. O., S. 56. — **19** Vgl. auch: Marlene Streeruwitz: »Und. Überhaupt. Stop. Collagen. 1996–2000.«, Wien 2000, sowie »Das Jetzt der Existenz«, a. a. O. — **20** Vgl. dazu: »Sein. Schein. Und Erscheinen.«, a. a. O., S. 15–44. — **21** »Können. Mögen. Dürfen…«, a. a. O., S. 133. — **22** Vgl. Edgar Allan Poe: »The Philosophy in Composition«, erstmals 1846 erschienen. — **23** Vgl. dazu: Claudia Kramatschek, Sendemanuskript der Besprechung von »Partygirl.« für Deutschlandfunk / Büchermarkt, gesendet am 26.6.2002, darin Marlene Streeruwitz: »Der romantische Entwurf der Frauenleiche über die Literatur ist hier in Literatur gegengearbeitet. Was möglich ist, ist für diese Figur zusammengerafft. Und sie überlebt, sie lebt 60 Jahre lang, das macht Madeline Usher in der Edgar-Allan-Poe-Geschichte nicht. Und es stirbt der Bruder, also auch eine Art literarische Rache an der Geschichte. Was mich interessiert hat, ist, die Geschichte aus dem Blickwinkel Madelines zu erzählen, aber an der Grundvoraussetzung dieser Konstellation so wenig wie möglich zu ändern, in der diese Figur einmal durch den Raum gehen kann, immer über den Bruder, über den Ich-Erzähler beschrieben ist, also immer eine tertiäre Erfindung ist, und am Schluss, wenn sie sich aus dem Grab heraus geschaufelt hat, vollkommen zerstört den Bruder mit in den Tod reißt, aber auch gleich sterben muss. Das sind die Bewegungsmöglichkeiten, die ich für meine Romanfigur, also jetzt wirklich auf der literarischen Ebene, möglich gefunden habe.« — **24** Vgl. »Das Jetzt der Existenz«, a. a. O. — **25** »Sein. Und Schein. Und Erscheinen.«, a. a. O., S. 60.

Nele Hempel

Die Vergangenheit als Gegenwart als Zukunft
Über Erinnerung und Vergangenheitsbewältigung in Texten von
Marlene Streeruwitz

Befragt nach dem Beginn ihrer Karriere als Schriftstellerin erklärte Marlene
Streeruwitz ihre Schreibmotivation so: »Die Frage lautet ja immer: Verdrängen oder Nicht-Verdrängen? Und da ist Schreiben für mich eine Anti-Ver-
drängungsstrategie.«[1] Obwohl Streeruwitz diese Äußerung auf das sehr persönliche Erlebnis ihrer Scheidung bezog, wird dem Leser ihrer Texte und
dem Publikum ihrer Theaterstücke schnell klar, dass die Autorin diese Anti-
Verdrängungsstrategie nicht nur im Hinblick auf das Private, sondern auch
im Hinblick auf das Öffentliche beziehungsweise Politische praktiziert. Dabei ist es für die Schriftstellerin, die von der Wochenzeitung »Die Zeit«
scheinbar entschuldigend als »bekennende Feministin« ausgewiesen wird,
natürlich keinesfalls verwunderlich, das Private und Politische ohnehin als
untrennbar miteinander verbunden zu verstehen. In einem Interview ant-
wortete Marlene Streeruwitz auf die Frage, ob politisch engagierte Schriftsteller Einfluss auf die Gesellschaft ausüben können, daher so: »Schon durch
diese Frage entsteht der doch sehr seltsame Eindruck, etwas könne unpoli-
tisch sein. Gleichgültig, ob ich nun eine persönliche Einstellung zur österreichischen Situation habe oder nicht, wird alles, was ich schreibe, in diesen
allgemeinen Text eingeschrieben und damit politisch.«[2] In ihren Frankfurter Poetikvorlesungen (1997/98) dekonstruiert Streeruwitz den Mythos von
individuellen und unabhängigen, privaten und öffentlichen Sphären explizit
aus feministischer Perspektive, indem sie sich theoretisch mit der »Dekolo-
nialisierung vom Patriarchat« auseinander setzt. In ihren fiktionalen Texten –
ob es sich nun um die Theaterstücke oder das Prosawerk handelt – illustriert
sie die stete Wechselwirkung des Privaten und Politischen anhand von Figurenkonstellationen und Handlungsmustern, die das Theoretische der Vorlesungen praktisch nachvollziehbar werden lassen. Das Thema »Erinnerung
und Vergangenheitsbewältigung in Österreich« ist selbstverständlich ebenfalls Teil des dichotomischen Diskurses um das Private und das Politische.
Streeruwitz' theoretische sowie fiktional-praktische Exploration dieses
Themenkomplexes soll unter Berücksichtigung ihrer wichtigsten gesellschaftskritischen Thesen sowie ihres literarischen Werkes stattfinden. Insbesondere eignet sich als Primärtext der im Jahre 1999 erschienene Roman
»Nachwelt.«, der schon im Titel (welcher natürlich von dem obligaten, zum

Streeruwitz-Wahrzeichen gewordenen Punkt gefolgt ist) deutlich die Themen, die hier erörtert werden sollen, erfasst: Als Menschen der Gegenwart
definieren wir unsere Welt natürlich als »hier« und unsere Zeit als »jetzt«;
rücken wir aber vorangegangene, historische Ereignisse ins Zentrum, dann
werden wir automatisch zu Menschen der »Nachwelt«. Was im Gedächtnis
bleibt und was wir vergessen, beeinflusst die Konstruktion unserer individuellen Erinnerungen, beeinflusst, wie wir an dem teilhaben, was Forscher
in den letzten Jahren »kollektive Erinnerung« genannt haben, beeinflusst,
wie wir andere wahrnehmen und wie wir selbst wahrgenommen werden.
Gleichzeitig bedeutet der Begriff »Nachwelt« in diesem Sinne natürlich die
Bewahrung einer Person und/oder ihrer Ideen für die Zeit nach ihrem Tod,
was offensichtlich eng an die Diskurse von Idealisierung, Mythisierung und
Ideologisierung anknüpft und wahrheitsorientiertes Erinnern oftmals zu-
gunsten einer verzerrten, kathartisch-kollektiven Erinnerung verhindert.

»Nachwelt.« eignet sich auch deswegen besonders als Referenztext, weil
Streeruwitz hier die Verkoppelung des Privaten und Politischen sowie die
Konstruktion von Erinnerung direkt in Verbindung mit der Shoah präsentiert. Streeruwitz' Österreichkritik, wie auch die Elfriede Jelineks oder
Thomas Bernhards, zielt meist auf die nach 1945 nicht stattgefundene Konfrontation Österreichs mit seiner Nazi-Vergangenheit ab, denn die »österreichische Kultur vergeßlicher Erinnerung«, so Streeruwitz in ihrem auf-
schlussreichen »Tagebuch der Gegenwart«, ist gleichzeitig Voraussetzung für
die immer noch weit verbreitete »Doppelmoral in der Öffentlichkeit«.[3]
Beachtlich an »Nachwelt.« ist ebenfalls die kunstvolle Konstruktion ver-
schiedener Zeitebenen, die alle simultan präsent und gleich wichtig sind, was
natürlich bedeutet, dass es sich bei Vergangenheit, Gegenwart und Zukunft
ebenfalls – wie beim Diskurs des Privaten und Politischen – um untrennbar
miteinander verknüpfte Entitäten handelt.

Zunächst also eine Skizze der Romanhandlung: Die Wienerin Margarethe
Doblinger reist im Jahre 1990 nach Kalifornien, um Forschungen anzustel-
len für eine Biografie über Anna Mahler, die unberühmte Tochter ihrer
berühmten Eltern Gustav Mahler und Alma Mahler-Werfel. Während Margarethe ihren Mietwagen durch die Highway-Landschaft der Neuen Welt
steuert, versucht sie die Vergangenheit derer zu verstehen, die als Exilanten
aus Nazi-Österreich hierher kamen, und ist während ihrer Versuche, das
Leben einer anderen nach deren Tod objektiv zu rekonstruieren, gleichzeitig verzweifelt bemüht, ihr eigenes Leben zusammenzuhalten: Am Tag ihrer
Abreise hatte ihr Freund, der sie eigentlich begleiten sollte, erklärt, dass er
nicht mitfahren werde, was Margarethe schwer traf und sie in große Zweifel
über diese Beziehung stürzte.

Ziel meiner Ausführungen ist, zu zeigen, wie Marlene Streeruwitz in ihrem
Roman ein allumfassendes Zeitkontinuum konstruiert: Die Vergangenheit

ist verankert in den Erinnerungen und Gedanken zur Shoah; die Gegenwart besteht aus zehn Tagen in Kalifornien, angefüllt mit der Suche nach einer bestimmten Vergangenheit, aber auch mit den Anforderungen eines jeden Tages, ob es sich um die eher banale Routine von Schlafen, Essen, Autofahren, Gehen, Zeitunglesen handelt oder die schwierigere Aufgabe, das erneute Scheitern einer Beziehung zu meistern. (Die Konzentration auf das Alltägliche ist ebenfalls, wie der Punkt nach den Titeln, ein echtes Wahrzeichen von Streeruwitz' Texten. Der allgemeinen Auffassung, dass der Alltag nicht »literaturfähig« sei, so Streeruwitz in vielen Interviews, soll so entgegengewirkt werden.) Die Zukunft erscheint als bewusste Abkehr von dem Forschungsvorhaben – nicht nur verlässt Margarethe Los Angeles, sondern sie nimmt sich auch vor, das Buch über Anna Mahler niemals zu schreiben. Ihre Rückkehr nach Wien wird hauptsächlich im Licht der Vorfreude auf ihre Tochter Friedericke geschildert, die als Mitglied einer neuen Generation selbst ein Teil des stets simultanen Zeitkontinuums ist und ihre eigenen Verknüpfungen zwischen der Vergangenheit, Gegenwart und Zukunft finden muss.

Obgleich die Zukunft als Ausblick immer präsent ist – schließlich steht von Anfang an fest, dass es sich bei Margarethes Kalifornienreise um eine Art Zeitvakuum handelt, denn ihre Rückreise nach Wien ist stets als Zukunft in den Text eingeschrieben – interessiert hier vor allem die Verankerung der Vergangenheit in der Gegenwart, die Art und Weise also, wie und wo Erinnerung stattfindet. Der Roman beginnt damit, dass die Protagonistin einen neuen Namen erhält, wobei es sich nicht nur um eine geschickte Illustrierung ihrer Suche nach einer neuen Identität handelt, sondern vor allem auch um das für die Gegenwart relevante Resultat einer Erinnerung: Manon, Margarethes wichtigste Kontaktperson in Los Angeles und beste Freundin der verstorbenen Anna Mahler, nennt Margarethe verkürzt und französisiert »Margaux«. Obwohl sie impliziert, dass sie Margarethe einfach keinen »schönen Namen gefunden habe«[4], lässt sich eher vermuten, dass der Name für Manon, »die nicht nach Wien wollte aus Angst, diese Sprache wieder hören zu müssen. Deutsch hören zu müssen. Wienerisch. Die nicht einmal die Sprache ertragen konnte«[5], der Inbegriff des Deutschen ist – man denke beispielsweise an Goethes Gretchen oder an Celans »Todesfuge«: »Dein goldenes Haar, Margarethe.« Margarethe, die der unmittelbaren Nachkriegsgeneration angehört, ist als Wienerin mit dem deutschen Namen gleichzeitig eine Repräsentantin der Gegenwart wie auch der Vergangenheit. Sie ist eine Art Botschafterin für das Vertraute und das Entfremdete, die einst geliebte Heimat und die heute oft gehasste Stadt beziehungsweise Nation. Während einerseits emotionale Erinnerungen aus der Kindheit zur Trauer darüber führen, dass in Amerika echte »Vanillekipferl« oder typischer »Erdäpfelsalat« nicht zu bekommen sind, sind es andererseits die faktischen Erinnerungen, die den Exilanten für immer von seiner früheren Heimat trennen. Wodurch solche Erinnerungen im Kalifornien der neunziger Jahre ausgelöst werden, lässt sich zum Beispiel daran zeigen, dass das stadtweite Sprühen von Insektiziden (wie es sehr effektvoll in Robert Altmans Film »Short Cuts« zu sehen ist) sofort Assoziationen mit der Vergasung von KZ-Insassen nahe legt. Manon sagt sarkastisch zu einem alten Freund: »We didn't live that long in California to be gassed in the end.«[6] Interessant ist an dieser letzten Bemerkung auch, dass sie in englischer Sprache erfolgt, obwohl es sich bei Sprecherin und Zuhörer um deutsche Muttersprachler handelt. Nach Jahrzehnten in Amerika haben sich die Emigranten dort eine zweite Heimat geschaffen und dazu gehört auch, trotz Multikulturalität und Multinationalität im Einwandererland USA, das Kommunizieren in der Landessprache; linguistisch sind sie aber in einer Art Zwischenraum verhaftet, denn ihr Englisch ist nicht frei von einem deutschen Akzent und ihr Deutsch ist oft veraltet und nun wiederum mit einem leicht amerikanischen Akzent versehen. Diese Hybridexistenz, die Streeruwitz beispielsweise auch im Theaterstück »Tolmezzo.« thematisiert, in dem eine Wiener Emigrantin nach Jahrzehnten in Amerika erstmals wieder ihre Heimatstadt besucht, lässt sich sowohl positiv als auch negativ interpretieren: Im positiven Sinne könnte sie die Verkörperung einer neuen Existenz sein, einer Möglichkeit, durch Adaption an andere Lebensumstände neue Verbindungen einzugehen. Im negativen Sinne könnte sie andererseits eine Markierung des ewigen »nicht mehr« und »noch nicht« darstellen und damit Sinnbild einer Heimatlosigkeit auf Lebenszeit sein. Klar wird jedoch, dass in dieser besonderen Sprache der Emigranten ein Verweis auf ihre Vergangenheit unauslöschlich festgeschrieben ist, und damit natürlich automatisch auch die Erinnerung an diese Vergangenheit.

Konkretere Erinnerungen sind Gegenstand der Interviews, die Margarethe mit unterschiedlichen Bekannten Anna Mahlers führt und die die Handlung des Romans in Form von Tonbandmanuskripten unterbrechen. Hierbei interessieren jedoch weniger die in der Narration konstruierten Erinnerungen der Personen als vielmehr Margarethes Reaktion auf diese Geschichten und die in ihnen reflektierte Zeitgeschichte. Während sie mit den Berichten von Überlebenden der Shoah konfrontiert wird, mischen sich in Margarethes Kopf in einer Art Bewusstseinsprosa Gedanken über die Opfer mit Margarethes eigenen Erinnerungen an die Vergangenheit. Als sie beispielsweise einen von Anna Mahlers Ehemännern, den fast 88-jährigen, sehr gebrechlichen Albrecht Joseph, ein kleines Steifftier streicheln sieht, das er seit seinem fünften Lebensjahr besitzt und das ihm, nach eigenen Worten, niemand hat wegnehmen können, reflektiert Margarethe über ihre eigene Kindheit: »Was hätte sie zum Mitnehmen gehabt? Damals. Ihr fiel nichts ein. Sie hatte immer alles weggeworfen. (...) Alles. Es hatte damals geheißen, es wäre besser, sich aller Erinnerungen zu entledigen. Und mit dem Leben weiterzumachen. (...)

Aber hätte man etwas retten können. Überhaupt. Und dann. Als Opfer. War es nicht das Schwierigste zu begreifen, daß einem die Auslöschung gewollt worden war. Die vollkommene Auslöschung. Von allen. Daß der Haß einen betroffen. Wie war dem zu entkommen, auch wenn man entkommen war.«[7] Als Margarethe bei ihren Recherchen im Archiv der UCLA Bibliothek auf einen Text von Franz Werfel stößt, kommt ihr Mitgefühl und ihr Einsatz für die Opfer erneut zum Ausdruck: »Werfel hatte in der Ansprache auch gesagt, es müsse vergessen werden. Durfte einer das sagen. Hatte einer das Recht dazu, der das noch sagen konnte. Ein Recht zu reden hatten doch nur die Toten. Hier durften doch nur die Toten ihre Stimme heben. Und weil sie es nicht konnten, durfte keiner etwas sagen. Wie konnte sich einer da hinstellen und ›Vergessen‹ sagen. Und vergessen wohin.«[8] Dieses Zitat scheint auch deswegen besonders interessant, weil nach 1945 Österreichs politisches und gesellschaftliches Programm in Hinblick auf seine Nazivergangenheit in erster Linie tatsächlich »Vergessen« hieß. Wenn in der Jubiläumsausgabe zum 50-jährigen Bestehen der Zeitschrift »Das jüdische Echo« zahlreiche Beiträge unter der Überschrift »Erinnern? Verdrängen? Vergessen?« zusammengetragen werden, sind Begriffe wie »das große Schweigen« (Trautl Brandstaller) oder »nahezu umfassende Amnesie« (Peter Huemer) nur zwei repräsentative Bezeichnungen für das Verhalten der österreichischen Bevölkerung in den Jahrzehnten nach dem Krieg. Der gesellschaftliche Konsens war anstatt eines kollektiven Erinnerns eher ein kollektives Vergessen. Natürlich lässt sich das vor allem dadurch erklären, dass sich Österreich durch den »Anschluss« 1938 schlicht als erstes Opfer Hitlers stilisieren konnte, auch wenn dabei übersehen wurde, dass es in Österreich bereits um die 100 000, wenn auch illegale, registrierte Nazi-Parteimitglieder gab, bevor Hitler überhaupt in Wien einmarschierte.

Mark Osiel untersucht in seinem Buch »Mass Atrocity, Collective Memory, and the Law« die Verbindung zwischen publizierten Kriegsverbrecher-Prozessen und der Herausbildung eines »kollektiven Gewissens« (»collective conscience«). Er schreibt, dass solche Prozesse Möglichkeiten zur Transformation im Leben von Individuen und in der Gesellschaft bieten und somit erheblich zu einer Art sozialer Solidarität beitragen können.[9] Obwohl in Österreich die extra etablierten Volksgerichte zur Ahndung von Naziverbrechen fast zehn Jahre lang tätig waren, erlangten die Prozesse nie wirklich den Charakter eines öffentlichen Schauspiels, der laut Osiel für den angestrebten Katharsis-Effekt vonnöten ist. In ihrem Essay »Aufarbeitung der Vergangenheit? Entnazifizierung in Österreich« weist Erika Weinzierl nach Winfried Garscha darauf hin, dass die Leistungen der Volksgerichte »weitgehend in Vergessenheit gerieten«[10].

Aber zurück zu Marlene Streeruwitz' Romanfigur Margarethe, die die Ästhetik des Vergessens und auch den Konflikt zwischen Kriegs- und Nachkriegsgeneration im eigenen Elternhaus diagnostiziert. »Ihre Eltern hatten es nie beklagt. Hatten nie gesagt: ›Ach, wäre es doch nicht geschehen.‹ (...) Aber die Eltern. Denen war die Geschichte mit den Juden. Die war ihnen peinlich. Irgendwie. Und sie hätten es schon lieber gehabt, es wäre nicht geschehen. Aber nicht wegen der Menschen. Sondern weil es schiefgegangen war. Die Sache mit den Juden. Da schwieg man eben darüber. Eben peinlich. Und außerdem. Es war eben geschehen. Und was sie denn getan hätte. Sie wüßte ja nichts. Könnte das nicht beurteilen. Es wären ja nicht alle Juden Genies gewesen. Wie heute so getan würde.«[11] Schuld wird nicht nur niemals zugegeben, sondern sogar im engsten Familienbereich an die Person außerhalb des Täterkreises weitergereicht: an das Kind. Katholische Indoktrination und die patriarchalische Familienstruktur sind die zwei treibenden Kräfte bei der Weißwaschung von Schuld und ihrer Weitergabe an die nächste Generation: »Und sich nicht mundtot machen lassen. Von diesen Gebeten, die die Nonnen ihnen schon im Kindergarten beigebracht hatten. Zu beten für alle, die im Krieg gewesen. Als wäre die Wahrheit des Mörders gleich schrecklich wie die Wahrheit des Gemordeten. Oder vielleicht noch schrecklicher. Der Gemordete wurde schließlich in die ewige Seligkeit aufgenommen. Der Mörder mußte immer noch beichten gehen. Bereuen. Und sie hatte die kleinen Hände gefaltet und gebetet.«[12]

Immer wieder fordert Marlene Streeruwitz in ihren Texten eine Poetologie, die die Würde der Opfer der Shoah bewahrt. Ob sie durch Zeitungsartikel in die Diskussion um die Errichtung eines Wiener Judendenkmals eingreift oder ob sie im Kurzessay ihres Gegenwartstagebuchs auf eine Anruferin reagiert, die »das mit dem Holocaust« nicht mehr hören könne und die darauf verweist, dass »auch noch andere«, »sogar Erzherzöge« dabeigewesen wären. Für Streeruwitz drückt sich in solchen Sätzen ein »Neid auf die Opfer der Shoa« aus, und damit kommt es zu »einem letzten Raub an der Würde der Opfer«[13]. Die Würde der Opfer zu achten bedeutet für die Autorin auch, nicht fiktional mit dem Thema der Shoah umzugehen: »Ich kann (...) keinen Primärbeitrag leisten, und ganz entschieden darf ich das auch nicht, ich darf das auch nicht in meiner Literatur. Auf ›Nachwelt‹ bezogen verwende ich authentische Interviews als Berichte aus jener Zeit und erfinde nicht selbst Geschichten, die in diese Zeit hineinragen.«[14] Ganz deutlich wird, dass das Anliegen, die Würde der Opfer zu bewahren, für Streeruwitz mit klaren Richtlinien eines ethischen Umgangs mit Gedenken und Erinnerung verbunden ist, was wiederum in der Form und im Inhalt ihrer Texte zum Ausdruck kommt und was natürlich automatisch Teil des öffentlichen Diskurses um den literarischen und nicht-literarischen Umgang mit der Shoah ist wie beispielsweise auch die Walser-Bubis Debatte von 1998. Streeruwitz konzentriert sich auf einen Bereich der Thematik, über den sie wahrheitsgetreu Auskunft geben kann – ihre Kindheit im Österreich der Nachkriegszeit, im

Österreich, das vergessen wollte, in dem die junge Generation aber Fragen stellte. So wie sie die Schuld der Eltern entlarvt, entblößt sie gleichzeitig die patriarchale Vater-Autorität als Symptom der nationalen Niederlage. Die Verbindung zwischen dem vermeintlich Politischen und dem vermeintlich Privaten wird hier ganz besonders deutlich: »Hatten auf die Kinder hinuntergelächelt. Was wißt ihr schon. Sich dabei schon abgewandt. Und. Im Abwenden war das Schreckliche in den Gesichtern zu lesen gewesen. Und sie hatte es auf sich bezogen. Die Person, die nichts wußte. Auf sich und das Schlechte, das in einem wohnte. Aber es war deren Schuld gewesen. Die hatten sich diesen Mann und diese Partei geholt. Die waren in den Krieg gezogen. Die hatten zugesehen, wie die Nachbarn abgeholt worden, und waren dann in die Wohnungen gegangen und hatten sich die Kaffeehäferln geholt und nachher keine zurückgegeben. Und der Vater. Der hatte sich an den Frauen gerächt. An der Mutter. An ihr. In der Kleinfamilie. Da konnte der Vater schon seine politische Wut austoben. Der Wut freien Lauf. Dafür gab es die Kleinfamilie ja.«[15] An diese Kindheitserlebnisse erinnert sich Margarethe, während sie Auto fährt, und plötzlich wird der Leser in die Gegenwart zurückgerissen, wenn ihre Gefühle für den Vater mit den Gefühlen für den Mann, der sie nicht auf ihre Reise begleiten wollte, verschwimmen: »Und weil ihr Vater gegen die Russen verloren hatte, saß sie jetzt in Los Angeles und heulte, weil ein Wiener Internist nicht mitgekommen war. Nicht nachgekommen. Das war alles lächerlich. Sie fuhr die Sony Studios entlang. Weiße Mauern. Taghell erleuchtet. Sie fuhr weiter.«[16] Gerade weil Margarethes Gedanken und Gefühle, ihre neuen Erfahrungen und ihr Wissen um die Vergangenheit, ihre Trauer und ihre Erwartung von Veränderungen in der Zukunft simultan in jeder möglichen Lebenssituation zusammentreffen können, wird ihr klar, dass es ihr unmöglich ist, die Biografie über Anna Mahler zu schreiben. Während sie zunächst ihre eigene Unfähigkeit, objektiv zu sein, dafür verantwortlich macht, dass sie trotz zahlreicher Recherchen nicht in der Lage ist, sich ein Bild von Anna Mahler zu machen, sieht sie schließlich ein, dass sie niemals genug über Anna Mahler herausfinden wird und dass sie daher unmöglich mit absoluter Sicherheit über deren Leben schreiben kann. Es gibt zu viele sich widersprechende Geschichten, und Margarethe hat den Eindruck, dass diejenigen, die ihr diese Geschichten erzählt hatten, zu viele eigene Wünsche und Lebensansichten auf ihre Berichte über Anna Mahler projizierten. »Margarethe war glücklich. Sie musste nicht mehr diese vielen Wirklichkeiten in Sätze zwängen. Urteile. Diese Leben anderer ausdeuten. Wie war sie auf die Idee gekommen. So etwas machen zu wollen. Die Idee war auf einmal lächerlich. Das mussten andere machen. Andere, die sich sicherer waren. Sie konnte ja nicht einmal über ihr eigenes Leben Auskunft erteilen.«[17]

Stilistisch folgt Marlene Streeruwitz' Roman »Nachwelt.« ihren bis dahin veröffentlichten Romanen »Verführungen.« und »Lisas Liebe.« insofern, als die fragmentarische, häufig von Punkten unterbrochene Rede sowie die grammatische Eigenständigkeit des Nebensatzes auch hier wieder eine ganz eigene Sprache schafft, eine Sprache, die Marlene Streeruwitz in ihren frühen Dramen auch schon am Dialog ihrer Figuren eingeübt hat. Streeruwitz hat sich mit dieser Sprache natürlich ein eigenes Markenzeichen geschaffen, dennoch wirkt die Insistenz auf den fragmentarischen Satz weder manieristisch noch affektiert, vor allem weil die zerstörte Sprache ja adäquat auf das mehrfach gebrochene Lebensgefühl der Postmoderne verweist. In »Nachwelt.« leuchtet diese Sprache erneut sofort ein. Der Roman ist im Untertitel als »Ein Reisebericht.« bezeichnet und er enthält, ganz dem Genre getreu, ausführliche Beschreibungen der für einen Touristen neuen und fremden Umgebung, von Szenen am Strand und in verschiedenen Cafés oder Diners (mit wiederholten Speisekartendetails und Getränkeauswahl) bis zu seitenlangen Ausführungen über die Straßen, die Margarethe in ihrem Mietauto oder in Manons goldenem 1968er Cadillac befährt. Obwohl die Beschreibungen der Außenwelt oft überaus ausführlich und detaillastig sind, bewirkt die Fülle von kurzen, oft unvollständigen Sätzen und der abrupte Schwenk zu anderen Inhalten, dass die Bilder, die für den Leser kreiert werden, doch wieder nur fragmentarische Szenenausschnitte sind. Der unablässige Themenwechsel und die unkonventionelle Grammatik illustrieren deutlich die Simultanität von Ereignissen im normalen Leben, das ebenfalls keine logische Sequenz oder Ordnung kennt, das einfach »passiert«, ohne notwendige Absicht oder rationale Erklärung. Es wird also schnell deutlich, dass dieser »Reisebericht« eigentlich eine Dekonstruktion des Genres beabsichtigt, und dass dem Leser das Erleben eines »exotischen« Orts verweigert und er vielmehr gezwungen wird, Zeuge einer ganz persönlichen Reise nach Innen zu sein. Schon mit den Titeln ihrer Theaterstücke hat Marlene Streeruwitz ihr Publikum absichtlich in die Irre geführt, indem sie spektakuläre Handlungsorte suggerierte, die Stücke aber dann an ganz anderen Schauplätzen spielen ließ – man denke zum Beispiel an »New York. New York.«, wo die Zuschauer sich tatsächlich in einer öffentlichen k. und k. Piss- und Bedürfnisanstalt in Wien wieder fanden. Noch zahlreiche andere Beispiele ließen sich für diese beabsichtigte Inkongruenz von Titel und Inhalt bringen, aber allen ist gemeinsam, dass Streeruwitz jegliche mögliche Zuschauererwartung absichtlich enttäuscht. Für sie ist das ein bewährtes Stilmittel geworden, um gegen die »Hoffnungskultur«, die sie vor allem in Österreich beheimatet sieht, anzugehen. Dem Wunsch nach Exotik, dem »Sich-Verlieren« im Glanz einer anderen Welt, hält Streeruwitz stets unerbittlich die Wahrheiten der eigenen Existenz entgegen. »Wegen tiefverankerter Hoffnungskultur ist Österreich Modell für eine nicht aufgeklärte Welt. Ich setze meine strengen Sprachkonstellationen gegen die ansässige Geistesverfassung. Denn Gott-Kaiser-Vaterland hängt noch immer über allem. Die Leute gehen mit Unterwer-fungssehnsüchten ins Theater, die nur die Klassiker befriedigen. Da ist die Welt noch in Ordnung.«[18] Ganz so wie Streeruwitz im ganzen Satz die Lüge verborgen sieht, sieht sie in einer linearen, ungebrochenen Dramen- oder Romanhandlung die Möglichkeit der Verführung: Mit allen Texten strebt Marlene Streeruwitz die Vereinzelung des Lesers beziehungsweise Zuschauers an, eine Vereinzelung, die einen kritischen Dialog zwischen dem Text und dem Rezipienten erst ermöglicht und die sich so einer Ideologisierung zur Masse automatisch entzieht. Dies ist auch bei der Frage nach der Vergangen-heitsbewältigung relevant, denn das bereits erwähnte kollektive Vergessen ist natürlich die Folge eines nicht eingeforderten Verantwortungsbewusstseins des Individuums. Streeruwitz sagt: »Wenn ein Österreicher das wieder kann (zur ganzheitlichen Form in der Literatur zurückkehren, Anm. der Verfasse-rin), dann würde ich sagen, könnte die Voraussetzung für faschistische Lite-ratur erfüllt sein, welche Vollständigkeit behauptet und darin in ein Unbe-wußtes zurückführt, in ein emotional Aufgeladenes, Unbeschädigtes. Diese Literatur nähme sich dadurch die Macht wieder, Leben zuzuweisen und Leben abzuwürgen.«[19]

Die Unmöglichkeit der linearen, auf einen gezielten Punkt konzipierten Erzählhandlung ist auch ein klares Zugeständnis an die Zeit als omniprä-sentes Kontinuum von Vergangenheit, Gegenwart und Zukunft. In ihrem Roman »Partygirl.«[20] geht Streeruwitz subversiv gegen konventionelles Erzählen vor, indem das Ende des Romans gewissermaßen den Beginn mar-kiert, von dem aus in chronologischer Rückverfolgung Vergangenheit er-schlossen und die Gegenwart zur Zukunft wird. So beginnt die Geschichte von Madeline Ascher im Chicago des Jahres 2000 und endet gute 400 Sei-ten später in Baden bei Wien im Juni 1950. Besonders beeindruckend ist dabei, wie die zwei Erlebnisse, die Madelines Leben am meisten prägen – die inzestuöse Liebe zu ihrem Bruder Roderick und eine unsägliche Tat ihres Vaters während des Zweiten Weltkriegs – von schattenhaften Andeutungen der Erinnerung zum tatsächlichen Geschehen dieser Ereignisse hin mehr und mehr konkretisiert werden. Illustriert wird also perfekt, wie Erinnerun-gen an die Vergangenheit in der Gegenwart präsent sind, aber auch, wie sich diese Erinnerungen innerhalb der Jahrzehnte verändert haben, wie sie, je nach gegenwärtiger Lebenssituation, an Intensität verlieren oder gewinnen, und wie sie, als persönliche Erzählung festgeschrieben, einen Teil unserer Identität konstituieren.

Obwohl ich mich in meinen Ausführungen weitgehend auf Marlene Streeruwitz' Prosawerk konzentriert habe, lassen sich die angesprochenen Themen vielmals auch in ihren Theaterstücken finden, mit denen Streeru-witz ihre ersten Erfolge als Autorin erlebte. Auch die Tatsache, dass diese

Stücke weitgehend – wie auch die früheren Dramen Elfriede Jelineks und Thomas Bernhards – in Deutschland, und nicht in Österreich uraufgeführt wurden, hat mit Streeruwitz' kritischer Einstellung gegenüber Österreich zu tun: »Ich dachte mir: Wenn man das in Wien macht, dann ist man sofort begraben. Ich habe den Eindruck, es gibt da so eine Art Fliegenklatsch-Uraufführungstechnik.«[21] Es überrascht in diesem Zusammenhang dann auch nicht, dass Marlene Streeruwitz, ebenso wie Jelinek und Bernhard vor ihr, schnell zu der Kategorie Schriftsteller gezählt wurde, die in Österreich gemeinhin als »Nestbeschmutzer« bezeichnet werden. Mit kritischer Stimme hat sich Streeruwitz stets offen gegen Missstände in der österreichischen Gesellschaft ausgesprochen und so, wie Robert Menasse es nennt, »Anti-Heimat-Literatur« produziert. Dass sich diese Kritik auch gegen den Ausverkauf der Heimat durch den Fremdenverkehr wendet und gegen das Image von Alpenidyll und heiler Welt, wird in vielen Texten, besonders aber im Hörspiel »Kaiserklamm. Und. Kirchenwirt.« und im dekonstruierten Heimatroman »Lisa's Liebe.« deutlich. Dass Streeruwitz dabei immer bemüht ist, neue Formen für diese Kritik zu finden, zeigt ihre ernsthafte, ganz in wittgensteinscher Tradition stehende Auseinandersetzung mit der Problematik der Sprachfindung. Im »Tagebuch der Gegenwart«, dessen Ein-/Beiträge (Erstveröffentlichungen fanden zumeist in diversen Tageszeitungen statt) weitgehend im Jahre 2000 verfasst wurden, schreibt Streeruwitz vornehmlich über ihre Teilnahme an den Donnerstagsdemonstrationen gegen die Regierung Haider. Dass diese explizit antisemitische und fremdenfeindliche Regierung überhaupt durch einen Wahlsieg an die Macht kommen konnte, ist durch den pragmatischen Konsens des kollektiven Vergessens schnell erklärt. Streeruwitz feiert die Demonstrationen als Gelegenheit zivilen Protests gegen das System und während sie noch die ideologisierende demagogische Sprache der politischen Rechten seziert, sieht sie gleichzeitig als wirksamste und ehrlichste Methode des Widerstands den Akt des Gehens, der nicht vorgeben kann, etwas anderes zu sein, und daher unmöglich über sich hinausweist. »Gegen die tägliche Beleidigung« – so Streeruwitz auf ein Poster der Donnerstagsdemonstrationen verweisend – kann sie sich als Schriftstellerin natürlich nicht mit Gehen begnügen, so sehr ihr das als Medium auch einleuchten mag. Stattdessen aber kann sie mit ihrer aktivistischen und doch realistischen Poetologie darauf bestehen, dass Vergangenheit und Gegenwart und Zukunft tatsächlich eine einheitliche Dimension der Zeit sind und dass eine würdevolle Zukunft nur dann möglich ist, wenn in der Gegenwart verantwortungsvoll mit der Vergangenheit umgegangen wird.

1 »USER HANDBOOK« zur österreichischen Erstaufführung von »Waikiki Beach.«, hg. von Theater Phönix, Linz 22.4.1993. — **2** Dagmar Lorenz/Helga Kraft: »Schriftsteller in der zweiten Republik Österreichs: Ein Interview mit Marlene Streeruwitz, 13. Dezember 2000«, in: »German Quarterly« 75 (2002), H. 3, S. 227. — **3** Marlene Streeruwitz: »Tagebuch der Gegenwart«,Wien, Köln, Weimar 2002, S. 41. — **4** Marlene Streeruwitz: »Nachwelt. Ein Reisebericht. Roman.«, Frankfurt/M. 1999, S. 7. — **5** Ebd., S. 382. — **6** Ebd., S. 11. — **7** Ebd., S. 18. — **8** Ebd., S. 169 f. — **9** Vgl. Mark Osiel: »Mass Atrocity, Collective Memory, and the Law«, New Brunswick, NJ 1997, S. 2 ff. — **10** Erika Weinzierl: »Aufarbeitung der Vergangenheit? Entnazifizierung in Österreich«, in: »50 Jahre Das jüdische Echo«, Wien (2001), S. 109. — **11** Streeruwitz: »Nachwelt.«, a.a.O., S. 170. — **12** Ebd., S. 290. — **13** Streeruwitz: »Tagebuch«, a.a.O., S. 43. — **14** Lorenz/Kraft: »Schriftsteller in der zweiten Republik Österreichs«, a.a.O., S. 228. — **15** Streeruwitz: »Nachwelt.«, a.a.O. S. 291 f. — **16** Ebd., S. 292. — **17** Ebd., S. 371. — **18** Gisela Bartens: »Ein lustbetontes Spiel«, in: »Kleine Zeitung«, Graz, 13.5.1995. — **19** Lorenz/Kraft: »Schriftsteller in der zweiten Republik Österreichs«, a.a.O., S. 230. — **20** Marlene Streeruwitz: »Partygirl. Roman«, Frankfurt/M. 2002. — **21** Wolfgang Huber-Lang: »Balanceakt ohne Netz«, in: »Wochenpresse«, 11.2.1993.

Ulrike Haß / Marlene Streeruwitz

»die leerstellen zu sehen. das wäre es.«
Ein Gespräch über das Theater

Frage und Antwort

Der Dialog ist ein vorsätzliches Missverständigungsmittel. Auf der Bühne musste er das schon deswegen sein, weil ja ein Drama draus werden sollte. Die Bühne weiß das, aber wissen es auch diejenigen, die die Bühne beruflich in Betrieb nehmen? In der Regel werden Dialoge daran erkannt, dass hinter einem Namen ein Doppelpunkt steht und hinter diesem wiederum Worte oder Sätze folgen. Man schließt daraus, dass eine Schauspielerin oder ein Schauspieler, die oder der für diesen oder jenen Figurennamen eingesetzt wird, diese Worte oder Sätze sprechen soll. Wie halten Sie es als Theaterautorin mit dem Missverständigungsmittel des Dialogs?

frage und antwort sind doch nur die oberfläche, auf der die figurenvorstellung gespiegelt wird. die figuren wiederum sind als wahrnehmungszentren gedacht, deren äußerungen einer inneren dynamik folgen und dann in das »spiel« eingefügt werden. das macht es unwichtig, ob das schema frage und antwort eingehalten ist. das schema replik / replik ist genauso produktiv. vor allem wenn es nicht vordergründig darum geht, eine psychologisierende schau auf die spieler und spielerinnen für das publikum aufzubauen und damit die berühmte 4. wand als coloniale mauerschau aufzubauen. ich fasse den theatertext ja als literarisches kunstwerk auf, das nur auf der bühne realisiert werden kann. die handlung besteht also auch im auftritt des spielers oder der spielerin, also in der reinen anwesenheit, die dann auch text ist. die ebene der aktion zählt dann in ihrer quasi realen durchführung durch den spieler und die spielerin ebenfalls zum text, der im literarischen text notiert ist.

Sprecher-Subjekte, Wahrnehmungszentren

Figuren werden von Ihnen als Wahrnehmungszentren gedacht, Wahrnehmung wovon? In einer Ihrer Poetikvorlesungen sagen Sie, dass dieses Wahrnehmungszentrum die Voraussetzung für die Möglichkeit sei, ›unabhängig zu agieren‹. Wer agiert in diesem Fall unabhängig? Was sind Zeichen dieser Unabhängigkeit? Wie bemisst sie sich und woraus nährt sie sich?

da haben wir jetzt den salat. ich hatte schon bei meiner dissertation über eine strukturale dramentheorie anhand eines russischen beispiels das problem mit der theaterwissenschaft, das sich jetzt gerade bei uns auftut. das mit den figuren hat ja doch mit der autorposition zu den figuren zu tun. also, welche sinneinheiten werden den figuren wie zugeordnet. welche intention koordiniert das. und dann kommt die inverse transformation des texts theaterschauspiel in die quasi reale realisierung des texts vom sprecher / von der sprecherin auf der bühne. dieser vorgang ist im text intendiert und damit voraussetzung und konstituierendes merkmal. weil aber nun der text bei mir die psychologisierende mauerschau nicht zulässt, trifft der zuschauer / die zuschauerin die figur auf der gleichen ebene wie der sprecher / die sprecherin. weil die alle einander treffen wie personen in der u-bahn, bleibt dem sprecher / der sprecherin jede möglichkeit, die figurensplitter ins spiel zu bringen. – ich würde ja ohnehin meinen, dass man ein stück von mir ohne regisseur machen müsste. dass ein ensemble sich über die ökonomie der auftritte etc. klar werden müsste und dann jeder und jede sich in der figur gestaltend das spiel durchführen können müsste. der anteil an sich wahrscheinlich verfestigender improvisation daran, das wäre doch unabhängigkeit. der text denkt sich ja auch in der zeit mit und braucht nicht das wissen des regisseurs über den zu erzielenden ausgang.

Ich weiß schon, dass es nicht so ›leicht‹ ist, aber ich möchte doch etwas herausfinden, von dem ich meine, dass es zwischen Ihren Texten und dem mainstream derer, die die Bühnen beruflich bewirtschaften, hakt. (Wobei ich absolut voreingenommen für dieses ›Haken‹ bin, der Betrieb muss aufgestört werden, sonst schafft er sich selbst ab.) Ich kenne die lange Geschichte der Missverständnisse zwischen dem Theaterbetrieb und Texten von Heiner Müller oder Elfriede Jelinek sehr gut und denke, dass Ihren Texten etwas Ähnliches geschieht: Sobald ein Figurenname mit einem identifizierbaren Redeblock auftaucht, meint das Theater, es hätte Identifikationsfiguren vor sich und beginnt mit der so genannten ›Umsetzung‹, die meist grauenvoll endet. Sie sagen, dass »der zuschauer / die zuschauerin die figur auf der gleichen ebene wie der sprecher / die sprecherin« trifft. Das ist für mich sehr konkret und führt ins Zentrum: Die Figur wird in Ihren Texten nicht wie etwas Substanzielles gedacht, sondern wie eine Art Hohlform. Gleichwohl ist sie Wahrnehmungszentrum, in dem sich bündelt, was zur Darstellung gebracht werden kann. Außerhalb von ihr kann nichts zur Darstellung gebracht werden. Sie ist von Sprecher / Sprecherin und Zuschauer / Zuschauerin anzutreffen (»wie personen in der u-bahn«) und ohne sie würde niemand niemanden treffen, noch nicht einmal in der U-Bahn. Es ist die Figur, die durch die Person des Schauspielers gefunden und behauptet werden muss. Sicherlich wird sie dadurch auch zur Erscheinung gebracht, aber dies ist nur ein nebenrangiger Effekt. Ebenso stellen die »Benennung der Sprecher-Subjekte« oder das Personenregister kein Wissen über die Figur zur Verfügung. Obwohl wir vermeintlich so viele Anhaltspunkte zur Figur vorfinden, wird sie damit nicht im Geringsten beschrieben, sondern bleibt eine Suchfigur, etwas absolut Unfertiges, in das sich die schauspielerische Realisierung investieren muss, wenn sie mehr sein will als der Macht erhaltende Standard. Sehe ich das richtig? Ihre Figuren-Splitter sind keine Figuren, weil sie Wahrnehmungs-Splitter sind von dem, was sich in der gesuchten Figur zur Darstellung bringen wird: Etwas Unabgeschlossenes, das sich gleichwohl zu einer konkreten Repräsentation herausnimmt. Sie sprechen bewusst nicht von einer ›Figurenbenennung‹, sondern von einer Benennung der »Sprecher-Subjekte«. Welche Bedeutung hat für Sie das Sprechen der Schauspieler? Gibt es ein Sprechen, das Sie von einem anderen abgrenzen möchten? Oder auch: Was ist ein Sprechen nach dem psychologisierenden Sprechen?

da sind wir ja schon fast da. – kein sprecher-subjekt mehr zu haben – was die logische konsequenz aus der psychologisierung und ihrem imperialismus wäre –, das führt zu botho strauss' sprechenden säulen. oder ins nicht-sprechen. in jedem fall geht die anthropologische invariante verständigung verloren. das ist eine möglichkeit. ich konnte aber dem abstrakten expressionismus deshalb nie etwas abgewinnen, weil durch die abstraktion als dem verlassen eindeutiger benennungszusammenhänge jede aneinanderreihung von je gegenwärtigen augenblicken verlassen wird, also keine geschichte erzählbar wird, und – achtung feminismus – wie soll die geschichtslosigkeit des weiblichen beschrieben werden, wenn es keinen ort gibt, der verlassen werden kann. wie also können die geschichten von frauen erzählt werden, die keine haben. meine strategie ist dabei, die behaupteten eckpunkte des psychologisierten subjekts als ausgangspunkt zu nehmen und an diesen immer von außen behaupteten figurenbestandteilen die ausgehöhltheit zu erforschen. deshalb würde es genügen, den text ernst zu nehmen. diese fahrt in die aushöhlung liegt vor. es bräuchte nur schauspieler und schauspielerinnen, die sich klar sind, dass es beim literarischen text theaterschauspiel vor allem darauf ankommt, was nicht gesagt wird. dass die anordnung der vorhandenen sinneinheiten den ausschluss der nicht vorhandenen darstellt. das« würde zu einer form von enthaltsamkeit führen müssen. es ist doch eine sehnsucht noch der spätromantik. diese ganzen figuren. diese helden und schönen seelen, von denen dem theater immer alles bekannt sein muss. und *method acting* wird ja meistens noch zusätzlich als diese auffüllung der figuren aufgefasst und belädt zusätzlich. vom text lesen her ginge es ganz gut. ich habe da mit amerikanischen schauspielern bei weitem bessere erfahrungen. es hat eine szenische lesung am *steppenwolf theatre* in chicago gegeben und diese pragmatische trockenheit und erwartung dem text gegenüber war beeindruckend. die frage ist dann, ob das bis zu einer aufführung gereicht hätte. – das glück oder unglück von mir ist, dass ich mich vollkommen vom literarischen dem theater genähert habe. ich habe also die konventionen des schauspielens nicht gekannt und im übrigen auch nie begriffen. das war beim regieführen manchmal äußerst belastend und hat mich ja auch aufs hörwerk konzentrieren lassen, wo ich durch die vorgabe von sprechhaltungen ganze romane simulieren kann. das aufs theater übertragen würde zu einer unglaublich kargen form führen müssen, die zu sehen ich aber aufgegeben habe. ich mache mir das in den hörwerken selber. vielleicht sollte ich das auch am theater versuchen. Aber wo sind die schauspieler und schauspielerinnen, die professionell genug sind, den sprecher-text zu realisieren und nicht menschenbilder anzustreben und dann immer enttäuscht von dem zu wenig ins ergänzen zu verfallen. die leerstellen zu sehen. das wäre es.

es gab übrigens einen augenblick, in dem sich das theater für mich erfüllt hat. in der aufführung von »elysian park.« am deutschen theater hat die schauspielerin der marie das genau richtig gemacht. keine aktion. nur die angegebene. und dann den text wie fragen. da waren alle möglichkeiten von leben in einem vibrieren gebündelt und nichts zu sehen. das war es. in einer rezension von karsten witte in der frankfurter rundschau wurde das auch ganz richtig beschrieben.

Der Chor ist krank

Die letzten Zipfel des psychologisierten Subjekts werden als ein Minimum gebraucht, um auf die Leerstellen zu sehen, aus denen sich ein solches Subjekt (ich meine, schon von seiner Entstehung an, wie ja auch an Ihrer wunderbaren Lear-Zuspitzung deutlich wird) zusammensetzt. Keine Substanz da, nichts was Halt! schreien könnte. Wie verhalten sich nun diese ausgehöhlten Figuren zum Chor, von dem Sie einmal schreiben, es handelte sich um den »Chor der mit dem Leben Geschlagenen«. Was ist mit diesem Chor? Sind das die noch Ärmeren? Die Unnennbaren? 11 Asylanten, die erst 11 Kranke, dann 11 Tote, dann 11 Krippenspieler sind. Asozial, ohne Ort, krank, tot und dennoch spielen sie das Spiel der abendländischen Gemeinschaft. Oder?

das sehen sie ganz richtig. dem chor ist ja nur noch das dasein möglich. wie gesagt. liegen. leiden. sterben. in ecken lungern. und vielleicht einmal eine opernarie. als gegenteil von sprechen. und das krippenspiel. die alte geschichte wie die geschichte beginnt. tja. und die sprechenden wärter und die oberwärterin frau horvath. – ich sollte ihnen von meinem migranten theaterprojekt in diesem frühjahr erzählen, in dem ich mir ein ganz anderes theater ein wenig erobert habe und dabei das theater sogar wieder ein bisschen gemocht habe. mein abbruch hat ja vor allem mit den konventionen, den verächtlichen arbeitsbedingungen da, die sich alle selber zumuten, mit der würdelosigkeit einer unprofessionalität und einem vollkommenen ausblenden des jetzt zu tun. ein paar echte huren bringen das ja noch nicht ein. ganz das gegenteil.

Der Chor ist krank, das heißt er ist geschwächt. Er kommt als tragende Figur nicht mehr in Betracht. Er hat verloren, nachdem er so viele Male aus dem hörbaren und sichtbaren Raum eines Theaters ausgeschlossen worden ist, das nur noch hörbar und sichtbar sein wollte. Dennoch bleibt der Chor, wie krank und tot auch immer, verbunden mit der Frage der Gemeinschaft. »Frieden und Wohlstand« skandieren die Jammergestalten des Chores in Ihrer Lear-Adaption »Dentro.«. Gibt es eine Verbindung zwischen diesem Chor und den Hohlformen ihrer Figuren, deren Sprechen Sie gleichwohl Sinneinheiten zuweisen, um das Ende von Etwas zu erforschen? Wie hängen diese Figuren und dieser Chor miteinander zusammen?

nun, der chor hat ja versagt, der chor hat kommentiert und nichts getan. der chor ist wie der kriegsfotograf dabei, greift aber nicht ein. schildert, ändert aber nichts. der chor war immer machtlos. der chor war immer die gemeinschaft als machtloses konstrukt. diese machtlosigkeit schildert sich in der wiederholung der formel, die bei der okkupation verwendet wird. die okkupierten müssen ihre okkupation sprechen. zu mehr reicht es nicht. – die 1. szene von »Was bei Lear's wirklich geschah.« ist den berichten von der okkupation von grenada nachgebaut. und wenn die grete horvath die kommunion verteilt und aus den 11 kranken eine speisegesellschaft macht, die ihre medikamente gemeinsam einnehmen und dann auch in den tod und das krippenspiel danach erlöst werden. die gemeinschaft hat ihre macht an die bürokratie vergeben. es ist die geschichte von kontrolle und den kontrollierten. da ist die einfache anwesenheit des körpers alles.

Theaterraum als Zeit-rechnung

Die Bildlichkeit des Theaters hängt, anders als man zunächst vermutet, nicht mit dem vermeintlichen Raum des Theaters zusammen. Vielmehr damit, dass es Sprecher-Repliken gibt, welche vorsehen, dass Schauspieler auftreten und sich sprechend aufeinander beziehen. Sie sind damit gleichzeitig als solche gegeben, die sich gegenseitig wahrnehmen, also füreinander sichtbar sind. Allein an diesem marginalen Punkt hängt für mich die Sichtbarkeit des Theaters und die Anforderung, sich mit dem Theater als sichtbarem Ereignis auseinanderzusetzen. Während die Tradition des Theaters diesen Punkt meist dahingehend missverstanden hat, dass die voreinander erscheinenden und sprechenden Darsteller / Figuren dies in einer entsprechend möblierten Umgebung tun, weisen Ihre wuchernden und dennoch streng komponierten, barocken Visionen, die aufsteigende Flugzeuge, Autobahnabfahrten, Gletscher, Container und heulende Chöre vorsehen, in eine ganz andere Richtung. Trotz aller Detailtreue einer möglichen Bühnenanweisung gegenüber – »Wenn die technischen Mittel es erlauben:« – kann ich ihnen dennoch keine Anweisung, sondern nur einen Wunsch entnehmen: Bitte nicht bebildern! Sagen die Autor-Texte in Ihren Stücken: Ich male mir etwas aus, möchte aber nicht, dass Sie es tun? Welche Sorge um die Bilder treibt Sie?

die sorge, dass die reste des sprechens ohne den raum, in dem sie gesprochen werden, sich so verflüchtigen, dass keine erinnerung bleiben kann. der raum scheint mir hier eine form von zeit-rechnung zu sein. wenn ich die vielen augenblicke eines jetzt aneinander reihe, um die geschichte zu erzählen, die in keiner geschichtsschreibung niedergelegt ist, dann habe ich das mittel »zeit« nicht zur hand. es gibt ja dann keinen zeitrahmen der geschichtlichen erzählung, in den ich diese geschichte – so fragmentarisch wie auch immer – einschreiben könnte. es geht also um die alte frage der erzählung der geschichten von frauen ohne einen geschichtsstrang zur orientierung zu haben. der so bestimmt bestimmte raum übernimmt die funktion der zeitrechnung. verortung gegen die auflösung in der zeit. ich nehme an, diese bilder haben schon beim schreiben eine solche funktion. und sie haben sie bei der aufführung. es ließe sich über die deutung des autortexts dann immer noch lange reden. eine deutung muss es aber geben.

das theater hat die suche aufgegeben.

Bitte erzählen Sie etwas von Ihren Erfahrungen, die Sie dazu bewogen haben, dem Theater den Rücken zu kehren. (Fast jede Theaterbiografie kennt diesen Punkt. Manche kehren nach ermutigenden Erfahrungen wieder zum Theater zurück, andere nicht.)

ich glaube, ein bisschen von dieser entlassung aus der täuschung dem theater gegenüber ist in den roman »nachwelt« eingebaut. margarete doblinger ist dramaturgin und beschließt ja, sich einen neuen job zu suchen. zu finden. das theater und seine protagonisten haben sich verändert. ziele sind aufgegeben. das gemeinsame lesen eines textes. das publikum hat sich verändert. der eintrag der medien und die dienstleistungsansprüche an die kunst. das therapeutische als angebot. die melancholie der leidenschaftslosigkeit. –

das scheitern hat mit der frage des geschichtenerzählens zu tun. wenn es nur die herrschaftsgeschichte als zeitraster gibt, dann kann es nur die klassiker geben. dann kann es nur den universalistischen anspruch geben, die immer geltende geschichte der macht zu erzählen. dann kann der klassiker zu jeder zeit spielen und alle anderen geschichten sind nicht. das gilt jetzt nicht nur für das weibliche. aber für das weibliche ist es mir beschreibbar. wenn eine überzeitlichkeit nur in der vorsichtigsten form herstellbar ist. wenn die geschichten in ihrem nichts erzählt werden. dann muss ja auf der bühne nur die andere zeitrechnung mitlaufen und jedes meiner stücke muss in sich zusammenbrechen. muss implodieren im doppelten bedeutungsentzug der füllung mit der falschen bedeutung der theaterkonvention in figuren und bühnenbildern. das theater hat die suche aufgegeben. hatte sie nie begonnen. das theater hat sich sicher gemacht im kalkül von immer irgendwie gelingender selbstbefriedigung. unterhaltung halt.

Ich denke, dass alles am Sprechen liegt. Man muss um die Bildlichkeit des Theaters keine Angst haben, aber um das Sprechen.

ja, das sprechen ist es. aber manchmal habe ich auch um die bilder sorge. –

Das Gespräch basiert auf einer e-mail-Korrespondenz im August 2004

Markus Hallensleben

Post-post-moderne Expeditionen ins Jetzt

Das Theater von Marlene Streeruwitz

»Das Abenteuer hieße, die Grenzen des Gesellschaftlichen mit den sinnlichen Mitteln des Theaters zu untersuchen und wirklich auszuziehen, um an das Ende der Welt zu gelangen. Die andere Möglichkeit wäre die konsequente Absage an das Abenteuer.«[1] Marlene Streeruwitz hat, nachdem sie mit ihren Theaterstücken und insbesondere durch Torsten Fischers Uraufführung von »Waikiki Beach.« (Kölner Schauspiel 1992) und Jens Daniel Herzogs Inszenierung von »New York. New York.« (Münchner Kammerspiele 1993) bekannt geworden ist, die zweite Möglichkeit gewählt und schreibt nur noch Prosa. Der Theaterkritik der neunziger Jahre ist es zu verdanken, dass ihr Theater in der Regel als »postmodernes Theater« etikettiert worden ist, weil es zitatenreich und pluralistisch ist. Das sagt allerdings kaum etwas über die Bühnenwirkung der Stücke aus, die, im Gegensatz zu Streeruwitz' Prosa, nicht ausschließlich auf den Gender-Diskurs festzulegen sind, auch wenn ihre Themen in der Nachfolge Elfriede Jelineks als feministisch orientiert gelten können.[2] Vielmehr lässt sich feststellen, dass solche von den Inszenierungen und Interpretationen festgeschriebenen Attribute nicht dazu geeignet sind, eine Dramaturgie vollständig zu erfassen, die sich eher über die Form als über den Inhalt definiert und von daher – nach den Worten der Autorin – als »post-post-modern«[3] und zugleich mit einer *sozialen Funktion* angelegt ist.

Dieses Konzept ist nicht neu und bereits vom russischen Theater des Absurden, insbesondere von Daniil Charms oder Alexandr Vvedenskij, das gleichzeitig mit Streeruwitz' Stücken (allerdings unabhängig davon) auf den deutschen Bühnen wiederentdeckt worden ist, durchgespielt worden. Marlene Streeruwitz, die sich selbst in einem Dissertationsprojekt mit strukturalistischer Dramentheorie beschäftigt hat,[4] ist Neo-Formalistin. Die scheinbare Unlogik ihrer Stücke folgt einer »Logik der Kunst«, wie sie schon die russische Avantgardegruppe »Oberiu« entwickelt hat: »Aber wer sagt denn, dass die Alltagslogik verbindlich sei für die Kunst? (…) Die Kunst hat ihre eigene Logik, und diese zerstört den Gegenstand nicht, sondern hilft, ihn zu erkennen. Sie erweitert den Sinn des Gegenstandes, des Wortes und der Handlung.«[5] Es ist dies ein Konzept, das nichtsdestoweniger politische Züge trägt, indem es versteckt Gesellschafts- und Zeitkritik übt. Wollte man also fern des Literatur- und Theaterbetriebs das Theater von Marlene Streeruwitz auf einen Punkt bringen, so wäre es der Formalismus, der sich als Wurzel des Dramaturgischen in ihrem Werk bemerkbar macht und der es erlaubt, von einem Neoformalismus zu sprechen.[6] Es vermischen sich demnach nicht nur die Theatertraditionen, sondern auch die Stimmen der Figuren in einer Art Simultantechnik. Wiederholungen und Patterns prägen die Struktur der Stücke, im Szenenaufbau wie in der Figurensprache. Die Theatralität wird nicht aus der Handlung, sondern aus den Variationsmöglichkeiten heraus entwickelt.

Weitere Vergleichspunkte des europäischen Theaters wären einerseits Čechov oder Mrożek und andererseits Beckett oder Ionesco. Doch auch bei D'Annunzio, Maeterlinck, Hofmannsthal, Horvath, Wedekind oder Dürrenmatt finden sich Anleihen,[7] die aber in eine Reihe mit Zitaten und Kryptozitaten aus der gesamten Theatergeschichte, von Shakespeare bis zum heutigen Musical, zu stellen sind. »Nur im Zitat findet sich selig Vollständiges«[8], wie die Autorin ironisch anmerkt. Die politische Revue der Nachkriegszeit oder das handkesche Sprechstück klingen ebenso an wie der Antigone-Stoff (in der Mordgeschichte Sallys aus »Elysian Park.«) oder Aischylos-Verse (in »Waikiki Beach.«). Keine dieser Theatertraditionen wird dabei getreu aufgenommen, geschweige denn durchgeführt; alle Spielformen werden gebrochen verwendet. Streeruwitz will »ordnendem Denken den Inhalt entziehen und über Chaos Chaos bewältigen«.[9] Es handelt sich also um eine Art Chaostheorie des Theaters. »Das Chaos dessen, was wir erben«[10], könnte größer nicht sein und ist trotzdem ein ordentliches: Minutiöse, bilderreiche Regieanweisungen, die besonders in »New York. New York.« eher an die Technik des Drehbuchs erinnern, versuchen das Regietheater auszuspielen.[11] Partiturähnliche Hörspiel- und Filmszenarien rücken manche Passage in die Nähe zu Oper oder Operette, ungeachtet Streeruwitz' eigener Kritik an diesen Genres. Die Kritik der Autorin an der heutigen, an Gewaltszenarien gewöhnten Konsumgesellschaft hingegen zeigt sich nirgendwo deutlicher als in den Wiederholungen eines Kitschrepertoires, das sich in Videoclips und Fernsehshows, in *soap operas* und Zeichentrickfilmen global ausgebreitet hat.

In Streeruwitz' Lieblingsstück »Elysian Park.« zum Beispiel, das lose auf Friedrich Dürrenmatts Parabelstück »Die Physiker« anspielt, ist der Handlungsort als künstlicher auf der Bühne ausgestellt, von der Autobahnprojektion in Geräusch und Bild bis zum Plastikgras und den künstlichen Palmen einer fiktiven Sanatoriumslandschaft. Die Figuren bewegen sich in einer nachbeckettschen Multimediainstallation, bei der sich die gleichen Bilder und Geräusche in genau festgelegten Abständen wiederholen. »Auf der Fläche einer solchen Aufführung wird der Einsatz von Kunstmitteln möglich, die aus der Vorführung theatralischer Realitäten neue Erinnerungen schaffen können.«[12] Die darin eingebetteten Dialoge sind nach dem Prinzip von Filmschnitten collagiert, wobei die Gespräche um Erinnerungen, Einbildungen,

Imaginationen, Visionen und Werbebilder kreisen. In einer hierfür bezeichnenden Passage aus »Elysian Park.« wird diese Medialität des (Dokumentar-)Films als Erzählverweigerung in den Worten des Rollstuhlfahrers Jerry reflektiert, der offensichtlich ein entstelltes Folteropfer ist: »Erzählen! Es gibt von jeder ›Einvernahme‹ ein Video. Was soll ich erzählen. Es gibt ein Video. Da siehst du ganz genau, wie sie mir das Ohr abtrennen. Das kannst du dir anschauen. Was soll ich da noch sagen. Was soll man da noch. Erzählen.«[13]

Die Figuren sind entsprechend typisiert und oftmals banalisiert. Ihre sprichwörtlich auf den Punkt gebrachte Sprache ist abgehackt, zerfahren und eher Ausdruck der Zeit denn einzelner Charaktere: »Der vollständige Satz ist eine Lüge. (…) Mit dem Punkt kann der vollständige Satz verhindert werden.«[14] Mit zunehmender Schreib- und Theatererfahrung von Streeruwitz verstärkt sich dieser Eindruck und am Ende gibt es mehr und mehr Reflexionen, die das Theater selbst als Form in Frage stellen. Gesellschaft und Theater werden auf dieser formalistischen Ebene gleichgesetzt und ihr Inszenierungscharakter ausgestellt. Anfangs erzählen die Figuren noch von sich selbst, präsentieren ihre bürgerlichen Biografien, am Ende jedoch kann jede dieser Äußerungen sich als Fiktion erweisen. Die Erzählungen, die wir und *in* denen wir leben, sind längst von den Medien vorgestanzt. Streeruwitz collagiert dieses Material derart, dass die Grenze zwischen Publikum und Bühne verschwimmt: »Die formalen Strukturen der Dekonstruktion, Schnitt, Wechsel der Einstellung, Einschübe, Zitate, Collagierung linearer und räumlicher Natur machen jede Verführung in ein zusammenhängend Beruhigendes zunichte. Die Machtlosigkeit sich selbst gegenüber kann auf der Bühne Revue passieren.«[15] Denn das könnte man als Ziel ihres Theaters ansehen: dem Agitprop-Theater vergleichbar Bühne und Straße austauschbar zu machen, mit Brecht als Vorbild[16] Räume und Zeiten so zu vermischen, dass das Theater eine *soziale Funktion* bekäme.[17] Nur die Zielrichtung ist etwas anders, denn das Theater soll nicht zu den sozial Schwachen gebracht werden, sondern diesen soll die Bühne überlassen werden, als gleichsam proletarisches Theater, das nicht zu den unteren Schichten hin offen ist, sondern das von diesen selbst gemacht wird. Nicht umsonst sind die immer wiederkehrenden Leitfiguren der Stücke gesellschaftliche Randfiguren. Die Frage ist, wo dann die Autorin als *Abenteurerin* bliebe, wenn dergestalt ein Publikum, das sich bisher meist nur auf den Stufen vor dem Theater finden ließ, selbst zum Produzenten würde. Die Antwort ist jene einer *dichten Beschreibung*[18]: »Teilnehmende Feldforschung mit theatralen Mitteln wäre eine Möglichkeit, über die Grenzen der Sprache behutsam vorzustoßen.«[19]

Für die Theatermacherin als Ethnografin[20] geht es darum, die patriarchalen und hierarchischen Machtstrukturen der Sprache aufzudecken und zu verändern. Wichtige Mittel sind hierbei die immer wieder aufzufindenden Synchronisierungen der Abläufe, sei es einzelner Handlungs- oder Sprechpassagen.[21] Jede einheitliche Zeit- oder Ortsbestimmung des aristotelischen Theaters wird so vermieden. Die Handlung des Stücks »Elysian Park.« etwa könnte an einem Tag, genauer gesagt an einem Freitagnachmittag spielen, aber zugleich repräsentiert sie einen Zeitraum von mehreren Jahren.[22] Streeruwitz spricht als Theatertheoretikerin davon, dass die Zeit auf dem Theater über eine *formale Lösung* in Gegenwart verwandelt werden müsse: »Das Theater kann aber auch die Expeditionen ins Jetzt unternehmen, die aus einem intuitiven Begreifen im sinnlichen Erleben ein Verstehen und Erkennen entstehen lassen.«[23] Diese visionäre Vorstellung einer Jetztzeit als Gegenwärtigkeit hat mit Realismus nichts mehr zu tun: »Jeder Anschein von Realismus wird im Keim erstickt. Die Theaterhaftigkeit bloßgelegt.«[24] Nach Meinung der Autorin wäre das überkommene bürgerliche Theater zu ersetzen durch einen Inszenierungscharakter, der unsere nachbürgerliche Realität auszeichnet.

Streeruwitz' Stücke sind, wenn es so etwas überhaupt geben kann, Parabeln des Alltags.[25] In ihrem Parabelcharakter haben sie sich jedoch vom Lehrstück brechtscher Manier genauso entfernt wie sie die Form des Theaters des Absurden[26] in die eines *post-post-modernen* Volksstücks überführen,[27] bei dem volkstheaterähnliche Dialoge und Szenen die bürgerliche Institution Theater zugleich re-inszenieren wie kritisch in Frage stellen. Sie nehmen alltägliche Momente und politische Gegenwart zum Anlass, Rituale einer Gesellschaft zu zeigen, die sich bereits selbst Geschichte geworden ist. Damit ist gemeint, dass Streeruwitz, statt Zivilisationsgeschichte(n) in Theaterform zu präsentieren, Mythologie und Geschichte wieder strukturell-dramaturgisch zu verknüpfen versucht.[28]

Das ist auch der Grund, warum die Inszenierungsorte und oft auch die Stücktitel Ortsnamen aus der ›alten‹ und ›neuen Welt‹ tragen, die trotz ihrer Lokalisierbarkeit lediglich auf die medialisierte Weltordnung eines globalen Massentourismus verweisen: New York, Waikiki-Beach, Sloane Square, Ocean Drive, Elysian Park, Tolmezzo, Bagnavallo, Dentro, Boccaleone oder Sapporo, wobei mit Letzterem lediglich auf die Olympischen Winterspiele verwiesen wird. Es sind nichtsdestotrotz Stationen mit ethnografischem Interieur, *Industrielandschaften* und Reiseziele, mit denen die konsumorientierte Warengesellschaft kontrastiert und von einem distanzierten Beobachterstandpunkt aus beschrieben wird. Das *Volk* der amerikanisierten und romanisierten Europäer, das hin und wieder exemplarisch österreichische Züge trägt und Englisch spricht, wird an Orten aufgesucht, die zumeist abseits seiner Verkehrszentren liegen, in einem Containerpark neben dem Wiener Flughafen, im Pissoir der Stadtbahnhaltestelle Burgstraße, in einer verlassenen Londoner U-Bahnstation, in einem Abbruchhaus, in einer Sackgasse, unter einer Autobahnbrücke, ja sogar auf einem (scheinbar) einsamen Gletscher. Alle diese Orte sind zielsicher gesetzte falsche Fährten, Farcen,[29]

Trugbilder, falsche Idyllen.[30] Wenn die irreführenden Titel »Elysian Park.«
und »Ocean Drive.« an die Elysian Hills bei Los Angeles und an die gleich-
namige Straße in Miami erinnern, dann höchstens, um so die Nähe zur
Filmindustrie Hollywoods oder ein entsprechend negatives Medienimage
herbeizuzitieren.[31] Die Kombinationsmöglichkeiten der Verweise sind an-
nähernd unendlich und damit ist auch eine metonymische Verbindung zwischen realen und fiktiven Orten hergestellt.[32] Die medialen Kunstland-
schaften und die sich darin bewegenden Figuren sind höchst artifiziell und
hin und wieder allegorisch überhöht, von den Plastikpalmen in »Elysian
Park.« bis zum Yeti aus »Ocean Drive.«. Streeruwitz stellt derart die *Mythen
des Alltags* aus.[33]

Das Theaterprojekt von Marlene Streeruwitz ist das einer *Entkolonialisie-
rung* unter der Annahme, dass die »Gesellschaft nicht eindeutig beschreibbar« oder »überhaupt nicht beschreibbar« ist: »Was beschreibbar bleibt, ist
das Leben als exemplarische Schnittstelle aller komplexen Strukturen, die
uns bilden, die aber wiederum von uns mitkonstituiert werden.«[34] Die Figuren und Handlungsabläufe in den Stücken symbolisieren daher, wie bei einer
kultischen Handlung, Realität. Und genau hier erweist sich die Wirkungs-
mächtigkeit ihrer *post-post-modernen* Szenarien. Gäbe es eine Münze mit den
zwei Seiten Realität und Fiktion, hier wäre sie zweimal gewendet. Die Wendung oder Präsenz der Ereignisse zählt mehr als deren tatsächliche Verankerung in der alltäglichen Wirklichkeit. Die Realität und damit die Alltags-
realität ist in dieser Theaterform so weit ritualisiert und medialisiert, dass sie
manchem Kritiker wie in einem amateurhaften Videoclip erschien.[35] Die
Stücke und ihre Handlungen sind damit kaum mehr (nach-)erzählbar, ihre
Form, indem die Mittel des Theaters des Absurden übersteigert werden,
gesprengt.[36] »It's a kind of theatre. Nothing is serious. Never was«, wie die
Figur Manon Greef in »Tolmezzo.« feststellt. Wenn nichts mehr wirklich
ernst genommen werden kann, dann schon gar nicht das Theater.

Im Abgesang des Hans Horvath aus »Boccaleone.« heißt es unter Berufung
auf Lessings Dramaturgie und gegen den zeitgenössischen Wissenschaftsgeist
gerichtet: »Das Theater als Hinrichtungsanstalt. Soll unsere Aggressionen
kanalisieren.«[37] Symbolisch wird hier das Theater zum eigenen Ort seiner
Hinrichtung, indem ein Professor der Theaterwissenschaft ermordet wird.
Morde spielen überhaupt eine wichtige Rolle in Streeruwitz' dichtem Be-
schreibungsrepertoire, weil sie auf die unverarbeitete Vergangenheit und das
Tabu des Todes verweisen. Jeder Mord ist ein Opferritual, das als Wieder-
holungshandlung angelegt ist. Streeruwitz reflektiert damit das von ihr so
benannte Motiv des *Blutrauschs* beziehungsweise des Blutrechts, das auf
einer gewaltorientierten, patriarchalischen Gesellschaftsordnung beruht.[38]
Die sprichwörtliche »Lizenz zum Töten«, die am augenfälligsten durch die
Figur des James Bond zu Zeiten des Kalten Krieges verkörpert wurde, beruht

auf der »Sprache des Patriarchats«.[39] Wenn in »Ocean Drive.« die Film-
schauspielerin Elizabeth Maynard ihren eigenen Biografen mit dem sprechenden Namen Leonard Percefal ermordet, dann wird nicht nur symbolisch die Biografie als Gattung zu Tode getragen, sondern gleichzeitig auch
das »System(.) von Schuld und Strafe«[40] als System eines Netzwerks der Macht
offen gelegt. Die Redewendung *über Leichen gehen* wird performativ um-
gesetzt, als die Leichen im ewigen Eis verscharrt werden. Dieses Hand-
lungsmuster ist zwar Kitsch und wird auch als solcher präsentiert,[41] aber im
Kontext der Entdeckung »*Ötzis*« verstanden könnte man es auch als archäo-
logisches Interpretationsmuster und intertextuellen Kommentar zum Umgang mit Geschichte generell sehen. Das Thema Geschichte, von der Biografie zur Weltgeschichte ist gleichsam in eine Formel übersetzt, die die
Machtverhältnisse geschichtlicher Ordnung *ad absurdum* führen soll.[42] Im
Überblenden vieler direkt und indirekt zitierter Stoffe (James Bond Movie,
Drogenmafia, Dritte-Welt-Politik, Ödipusmythos, Parzivallegende, Hof-
mannsthals »Der Schwierige«, Dürrenmatts »Besuch der alten Dame«, Tur-
rinis »Alpenglühen«, Thomas Manns Schneekapitel aus dem »Zauberberg«,
Caspar David Friedrichs Eislandschaften, Yetilegende, Rübezahlmärchen,
Ötzi-Ausgrabung) bildet sich ein Intertext als Beschreibungsmuster, bei dem
Österreich als Alpenlandschaft mit eisigem Klima die Folie bildet: »Eine Idyl-
le in Weiß und Himmelblau.«[43]

Will man die zentralen Fragen des Theaters von Streeruwitz zusammen-
fassen, dann scheint es immer wieder um zwei Punkte zu gehen: Wie verhält
man sich richtig insbesondere innerhalb und in der Nachfolge autoritärer
Systeme (wobei die nationalsozialistische Vergangenheit eingeschlossen ist)?
Wie hält man Ordnung und wie wird Ordnung aufrechterhalten oder
zerstört?

Letztendlich sind dies generelle Fragen nach einem Normalitätsbegriff und
der Identitätsfindung nach 1945. Wenn es eine politische Funktion des Theaters bei Streeruwitz gibt, dann ist es eine Politik der kleinen Schritte, vergleichbar der gesellschaftspolitischen Funktion von Videoclips, die – auch
wenn sie als Unterhaltung verkauft werden – doch immer auch Weltbilder
und damit politisierte und politisierbare Inhalte übermitteln. Am deutlichsten wird das am Rollenspiel Sallys und Johns in »Elysian Park.«, wobei letzterer offenbar zur Zeit des Nationalsozialismus ein Massenmörder gewesen,
dann in Argentinien untergetaucht ist und nun als seniler Pensionär in Österreich seinen Lebensabend anonym verbringt (sein anderer Name Altmann
erinnert an Eichmann). Erst als dies aufgedeckt wird, gerät die ohnmächti-
ge Ordnung der Parkbesucher und ihrer sanatoriumsähnlichen Gemeinschaft
aus der Ordnung. So gesehen sind alle Figuren in Streeruwitz' Stücken Pflege-
fälle; selbst das Theater erscheint von dieser formalen Perspektive aus als
Pflegefall. Statt die daniederliegende Institution des Theaters als bildungs-

bürgerliche Anstalt zu retten, geht es der Autorin um einen formalistischen Neuansatz und eine ritualisierte Aneignung von Gegenwart und Gegenwärtigkeit. Tatsächlich war wohl auch die Skandalgeschichte um die vier Krankenschwestern, die 1989 der Euthanasie angeklagt worden waren, Anlass für »Elysian Park.« gewesen.[44]

»Menschlichkeit. Die muß man sich leisten können. Die gibt es nicht«[45], sagt Hans in »Boccaleone.«, wo nur zu Medienzwecken Leichen in einem Asylanten-Containerdorf produziert werden.[46] Wertungen gibt es nicht; alles steht nebeneinander. Frei nach Brecht kommt zuerst das Geld und dann die Moral. Was also die Streeruwitz' Stücke insgesamt auszeichnet, ist nicht die Handlung oder der Inhalt, auch wenn es sogar so etwas wie kriminalistische Nebenhandlungen und pseudo-moralische Botschaften gibt, sondern die Struktur des Absurden und die grotesk-humoristische Sprache, die die Realität in ihrer Grausamkeit und ihren Gewaltakten nur herbeizitiert. Mit einem pseudo-wissenschaftlichen Zitat aus einem Krankenbericht lässt Streeruwitz die Sozialarbeiterin aus »Elysian Park.« die Nebenfigur der Marie charakterisieren, einer Mutter, die statt ihres Babys nur einen Kinderwagen voll Plastiksäcken hütet. Entfernt erinnert dieses Mariechen an die Figur aus Büchners »Woyzeck«, aber auch das ist nicht mehr als ein Kryptozitat. Der Zustand Maries ist nichtsdestoweniger frappant für die Allgemeinbefindlichkeit der Figuren auf dem Theater Streeruwitz'. Alle diese Figuren tragen Kennzeichen eines Persönlichkeitsverfalls, einer – um es medizinisch auszudrücken – Depravation: »Die Auflösung des Satzzusammenhangs, vor allem die Kongruenz von Subjekt und Objekt, läßt auf eine tiefbegründete Schwächung des Selbstfocus schließen. Der formale Grammatikverlust geht einher mit einer negativen Auflösungsmetaphorik, die wiederum auf kaum noch zurückzudrängende Ängste vor endgültigem Selbstverlust hinweist, beziehungsweise auf die Aufhebung der Grenzen zwischen Innen und Außen.«[47] Streeruwitz greift die Symptome der Depravation auf und spielt alle Bedeutungsebenen des Begriffs nicht nur auf semantischer Ebene, sondern auch auf dramaturgischer Ebene durch. Ihre Figuren repräsentieren so die Verfallserscheinungen der Dienstleistungsgesellschaft am Ende des 20. Jahrhunderts: Persönlichkeitsverfall (auch durch Drogenkonsum), Verschlechterung des Krankheitszustands, Verringerung des Geldwerts.

Solche formalistischen Strukturen kennzeichnen Streeruwitz' ritualisiertes Theater. Es dient nicht mehr einem konkret zu übermittelnden Inhalt, auch nicht einer leer laufenden Suche nach Inhalten wie noch bei Beckett, sondern es sperrt sich gegen eine eindeutige Zuordnung des Theaters als Parabelform des Lebens, anders gesagt, gegen eine eindeutige Semantisierung des Bühnentextes und seiner Dechiffrierung durch das Publikum. In Streeruwitz' Zeichensystem geht es nicht um das Sicht- und Hörbarmachen des kulturellen (Kon-)Textes allein, sondern um die Semiotik als formalistisches

Modell selbst oder die »Erscheinung (des literarischen Kunstwerks Theaterschauspiel) als Text (mit) Kunstwerkcharakter«[48], und damit um die Auflösung der Konvention Theater als Verführungsanstalt der Massen. Damit wird auch angedeutet, was eine Analyse des streeruwitzschen Theaters mit den Mitteln der Theatersemiotik verkompliziert. Streeruwitz' Theater ist bereits eine Analyse der Gesellschaft (sowie des Theaters) mittels eines semiotischen Kulturbegriffs. Es ist – wie in der Ethnografie – bereits ein Beschreibungssystem zweiter oder sogar dritter Ordnung,[49] und dieses wiederum zu beschreiben hieße unweigerlich eine weitere Reflexionsstufe einzunehmen.[50]

Diese Problematik sei hier an einem konkreten Beispiel verdeutlicht: Streeruwitz' Akteurinnen und Akteure fallen immer wieder aus den Rollen, aber der Effekt ist nicht Katharsis, Aufklärung oder Belehrung, sondern Verfremdung und Ritualisierung, wobei sie nicht nur die für ihre »Gemeinschaft konstitutiven kollektiven Konstruktionen« teilen, sondern auch auf ein »gemeinsames semantisches Universum« rekurrieren.[51] Während Jelineks Stück »Clara S.« den Untertitel »musikalische Tragödie« trägt und direkt auf Musik Bezug nimmt,[52] könnte man Streeruwitz' »Tolmezzo.« als musikalische Komödie dritter Ordnung bezeichnen, in der die Musik nur eine strukturelle Bedeutung spielt und die Oper bereits als Beschreibungssystem zweiter Ordnung verstanden wird. Dieses Beschreibungsparadox wird um so auffälliger, wenn man sich verdeutlicht, dass Streeruwitz, so sehr sie sich gegen traditionelle Ordnungssysteme wie das des bürgerlichen Opernbetriebs stemmt, selbst ähnliche Kriterien einsetzt. Das betrifft sowohl die Figurengruppen der *dramatis personarum*, die Zweier- und Dreierfigurationen folgen, als auch den Szenenaufbau der Stücke, der oft Standbildern gleicht. Sogar die Zeitabläufe sind ähnlich strikt wie in der Musik.

Der formalistische Stückaufbau wie die fragmentierte Sprache im Theater Marlene Streeruwitz' erfüllen also die gleiche Funktion: Beide zielen auf eine partielle Informationsvermittlung und doch zugleich auf eine wohlausgewogene Informationsverweigerung. Es handelt sich um eine Art von organisiertem Chaos.[53] Es ist allerdings bei Streeruwitz nicht mehr Ausdruck der Weltentfremdung allein, sondern Akt einer doppelten Verfremdung. Streeruwitz führt die Tradition des Theaters des Absurden so wieder an den Ausgangspunkt im Grotesken zurück und zugleich darüber hinaus. Ihr Theater ist ein Volksstück ohne Volk, ein episches Theater ohne Erzählung, ein Film ohne Handlung, eine Oper ohne Musik, eine Fernsehshow ohne Fernsehen. Der Kunstgriff Streeruwitz', mit formalistischen Mitteln des Theaters die Form des Theaters zu zerstören, entspricht einer oppositionellen Haltung, die keine befreiende Wirkung mehr hat, sondern nur gesellschaftliche Hierarchisierungen ironisieren kann.

Am Ende wird jede Analyse des streeruwitzschen Theaters diese Problematik zu lösen haben: Zwar schafft Streeruwitz eine Art Desillusionsapparatur[54], wobei es inhaltlich gesehen keine Illusionen mehr gibt, doch formal bleibt immer noch die Illusion eines Theaters als Kunstinstitution bestehen, gerade weil diese bekämpft wird. Vielleicht kann nur eine Inszenierung eine endgültige Antwort auf die Frage nach dem *Medium* Theater geben. In der Wiederverwendbarkeit des Materials liegt seine Qualität und diese Recycling-Funktion der Klassiker macht im Grunde auch noch das heutige (Regie-)Theater aus, dem Streeruwitz damit in gewissem Sinne die Arbeit schon abgenommen hätte: »Die Texte sollen deshalb nicht nur gelesen und gesehen, sondern auch gehört werden; sie sind akustische Settings. Wiederholen, Zurückspulen, auf Band sprechen, Parallelszenen, choreographische Sequenzen, Aus-der-Rolle-Fallen, Deklamation – daraus entsteht eine Verschachtelung heterogener Versatzstücke, eine Infragestellung überlieferter Bilder und Kultur: Altstoff bzw. recycled ›Kulturschrott‹. Durch die Strategie des Recyclings geht die herkömmliche Verbindung zwischen Figur und Rede verloren. Die Figuren haben keine durchgehende Identität, machen keine Entwicklung durch, sondern sind – teilweise im Wortsinne – Körper und Stimme(n).«[55] Diese Form eines Theaters, das die Inszenierung und sogar ihre mediale Dokumentation vorwegnimmt, perpetuiert die Institution Theater als Kunstritual, wobei am Ende nichts anderes übrig bleiben kann als eine performance-ähnliche Aufführung[56] eines Kunstprodukts, die dem wiederholten Abspielen einer »Partitur« gleicht.[57]

Warum also, so wäre abschließend zu fragen, benutzt die Opernhasserin Streeruwitz ausgerechnet den Begriff der Partitur, um die performative Ästhetik ihrer Theatertexte zu beschreiben und nähert sich auf diese Weise wieder einer Aufführungspraxis klassischer Musik, die geradezu zu vereinfachenden Interpretationen in Form des *Nachspielens* zwingt? Wäre denn nicht viel eher eine Herangehensweise passend, wie sie das Regietheater spätestens seit den neunziger Jahren am Klassikermaterial bewiesen hat, eine Inszenierungstechnik, die nicht werkgetreu arbeitet, sondern im Gegenteil werkzerstörend, die im Stück – in der Handlung wie im Text – herumstreicht und dergestalt Kulturrecycling betreibt? Dem Gesetz des Kunst-Recyclings folgend, müssten die Stücke Streeruwitz' heute inszeniert werden: Und wenn dem so ist, müsste man genauso formalistisch vorgehen wie Victor Šklovskij, der in seinem Roman »Zoo oder Briefe nicht über die Liebe« (1923) den wohl absurd-humoristischsten Liebesbrief der Weltliteratur verfasst hat, einen Liebesbrief, »den man nicht lesen soll« und der deshalb im Druck »durchgestrichen« ist.[58] Die streeruwitzsche Theaterkunst verfolgt ein vergleichbares Ziel. Alle ihre Szenen sind bereits durchgestrichen, noch bevor sie zur Inszenierung freigegeben werden. Streeruwitz' *post-post-moderne Expeditionen ins Jetzt* erlauben nur »theaterauflösende Stücke«[59] und damit ist – mit Roland Barthes' Worten, wobei man nachfolgend für Beethovens Musik Streeruwitz' Theater einsetzen müsste – gemeint, »daß man sich angesichts dieser Musik, ob sie nun abstrakt oder sinnlich erfaßt wird, in die Verfassung, oder besser, in die Aktivität eines *Performators* versetzen muß, der umstellen, gruppieren, kombinieren, verketten, mit einem Wort (falls es nicht zu abgenutzt ist): strukturieren kann«.[60]

1 Marlene Streeruwitz: »Können. Mögen. Dürfen. Sollen. Wollen. Müssen. Lassen. Frankfurter Poetikvorlesungen«, Frankfurt/M. 1998, S. 114. — **2** Vgl. zu dieser Fragestellung Nele Hempel: »Marlene Streeruwitz – Gewalt und Humor im dramatischen Werk«, Tübingen 2001, S. 14–19. — **3** Ebd., S. 59. – **4** »Marlene Streeruwitz im Gespräch mit Heinz-Norbert Jocks«, Köln 2001, S. 63. — **5** »Die Poesie der Oberiuten« (1928), in: Wolfgang Asholt/ Walter Fähnders (Hg.): »Manifeste und Proklamationen der europäischen Avantgarde: (1909–1938)«, Stuttgart, Weimar 1995, S. 373. – **6** Marlene Streeruwitz: »Sein. Und Schein. Und Erscheinen. Tübinger Poetikvorlesungen«, Frankfurt/M. 1997, S. 11. — **7** Vgl. Hempel: »Streeruwitz – Gewalt und Humor«, a.a.O., S. 36. — **8** Ebd. S. 76. — **9** Klappentext zu »Waikiki-Beach. Und andere Orte. Die Theaterstücke«, Frankfurt/M. 2002 (nachfolgend zitiert als »Theaterstücke«; enthält alle Stücke außer »Sapporo. Eine Revue.«, in: Uwe B. Carstensen (Hg.): »Theater, Theater. Aktuelle Stücke 11«, Frankfurt/M. 2001). — **10** Streeruwitz: »Sein.«, a.a.O., S. 19. – **11** Vgl. Gerda Poschmann: »Der nicht mehr dramatische Theatertext: aktuelle Bühnenstücke und ihre dramaturgische Analyse«, Tübingen 1997, S. 157. — **12** Ebd., S. 82. — **13** Streeruwitz: »Theaterstücke«, a.a.O., S. 244. — **14** Streeruwitz: »Sein.«, a.a.O., S. 76. — **15** Ebd., S. 81. — **16** Vgl. hierzu Britta Kalin: »In Brecht's Footsteps or Way Beyond Brecht? Brechtian Techniques in Feminist Plays by Elfriede Jelinek and Marlene Streeruwitz«, in: »Communications from the International Brecht Society«, New Brunswick, NJ, 28 (1999), S. 49–53. — **17** Vgl. Streeruwitz: »Können.«, a.a.O., S. 115. —**18** Clifford Geertz: »Dichte Beschreibung. Beiträge zum Verstehen kultureller Systeme.« Frankfurt/M. 1987, hier S. 7–43, bes. S. 15 und S. 21. Streeruwitz hat sich ferner auch mit Lévi-Strauss beschäftigt. Vgl. »Marlene Streeruwitz im Gespräch«, a.a.O., S. 9. — **19** Streeruwitz: »Können.«, a.a.O., S. 114. – **20** Vgl. zu diesem Aspekt den Anfang von Streeruwitz: »Sein.«, a.a.O., S. 7 ff. — **21** So z.B. das Simultansprechen in »Tolmezzo.«, in: »Theaterstücke«, a.a.O., S. 324. — **22** Vgl. Marlene Streeruwitz: »Schrecklich. Schön.« Interview mit Michael Merschmeier, in: »Theater heute« 8 (1993), S. 36. — **23** Streeruwitz: »Sein.«, a.a.O., S. 82 f. — **24** Ebd., S. 81. – **25** Zum Aspekt des Alltäglichen vgl. Karin Anna Ruprechter-Prenn: »Punkte und Schritte – Zu Marlene Streeruwitz' Schreibverfahren«, in: »The Journal of Social Sciences and Humanities (Jimbun Gakuho)« 312 (2000), S. 295–318, bes. S. 303–306. — **26** Zur Definition des Theaters des Absurden siehe Martin Esslin: »Das Theater des Absurden«, Reinbek 1979, S. 318 ff. — **27** Vgl. ferner Hugo Aust/ Peter Haida/ Jürgen Hein: »Volksstück. Vom Hanswurstspiel zum sozialen Drama der Gegenwart«, München 1989, bes. S. 320. — **28** Diese bei Streeruwitz quasi-ethnologische Herangehensweise geht vermutlich auf Claude Lévi-Strauss zurück (vgl. »Mythos und Bedeutung. Fünf Radiovorträge«, hg. von Adelbert Reif, Frankfurt/M. 1980, S. 9–67, hier S. 56). — **29** Hempel: »Streeruwitz – Gewalt und Humor«, a.a.O., S. 26 und S. 162–165. — **30** Vgl. »Ocean Drive.«, in: Streeruwitz: »Theaterstücke«, a.a.O., S. 169. — **31** Vgl. auch Willy Riemer: »›Ocean Drive.‹ Marlene Streeruwitz's Fractal Mise-en-Scène«, in: Linda C. DeMeritt/ Margarete Mamb-Faffelberger (Hg.): »Postwar Austrian Theater: Text and Performance«, Riverside, CA, 2002, S. 350–363, hier S. 351 und S. 357. — **32** »Die Ortsnamen stehen daher für die Welt als Möglichkeit.« (Streeruwitz:»Sein.«, a.a.O., S. 74). — **33** Es ist durchaus denkbar, dass Streeruwitz, die Roland Barthes studierte, auch dessen Schrift »Mythen des Alltags« kennt. Vgl. »Marlene

Streeruwitz im Gespräch«, a. a. O., S. 9. — **34** Streeruwitz: »Sein.«, a. a. O., S. 60. — **35** Carsten Brandau: »Porträt Marlene Streeruwitz. Klassiker sind die Langeweile des Phallus zwischen den Orgasmen.« Theater im Romanischen Keller, Heidelberg <http://www.rzuser.uni-heidelberg.de/~cn9/Autoren/marleni.htm> (September 2004). — **36** Vgl. Poschmann: »Theatertext«, a. a. O., S. 155. — **37** Streeruwitz: »Theaterstücke«, a. a. O., S. 446. — **38** Streeruwitz: »Können.«, a. a. O., S. 16 f. — **39** Zu diesem Aspekt vgl. Helga W. Kraft: »Corpses and Gendered Bodies. The Theater of Marlene Streeruwitz«, in: »Postwar Austrian Theater«, a. a. O., S. 328–349. — **40** Streeruwitz: »Theaterstücke«, a. a. O., S. 211. — **41** Vgl. die Liebesszene ebd., S. 220 ff. — **42** »Man braucht sich auf der Bühne keine Biographien mehr anzusehen, daran glaube ich nicht, das ist überlebt im Zeitalter der Posthistorie«, schrieb Streeruwitz im Programmheft zur Wiener Uraufführung von »Tolmezzo.« Zitiert bei Jörg J. Meyerhoff: »Zitatstrotzende Grotesken«, in: »die tageszeitung«, 14.6.1994. — **43** Streeruwitz: »Theaterstücke«, a. a. O., S. 166. — **44** Die Aufdeckung des Euthanasie-Skandals des Lainzer Krankenhauses, bei dem vier Krankenschwestern 44 ältere Patienten sterben ließen, erfolgte Anfang April 1989. Zur Chronik vgl. <http://www.fpoe-wien.at/fpoe/f_akademie/chronik/chronologie1989/april1989.htm> (September 2004). Hinweis von Karin Ruprechter-Prenn. – **45** Streeruwitz: »Theaterstücke«, a. a. O., S. 470. — **46** Ebd., S. 476. — **47** Ebd., S. 274. — **48** Streeruwitz: »Sein.«, a. a. O., S. 72 (Hinzufügungen in Klammern, M. H.). — **49** Geertz: »Dichte Beschreibung«, a. a. O., S. 20–23. — **50** Vgl. zu diesem methodologischen Problem Neva Šlibar: »Zur Literatur von Autorinnen im Problemfeld von Avantgarde und Traditionalismus, Moderne und Postmoderne«, in: Kurt Bartsch (Hg.): »Avantgarde und Traditionalismus: kein Widerspruch in der Postmoderne«, Innsbruck, Wien, München 2000, S. 37–58, hier S. 53. — **51** Erika Fischer-Lichte: »Verwandlung als ästhetische Kategorie: Zur Entwicklung einer neuen Ästhetik des Performativen«, in: dies. / Friedemann Kreuder / Isabel Pflug (Hg.): »Theater seit den 60er Jahren: Grenzgänge der Neo-Avantgarde«, Tübingen, Basel 1998, S. 46. — **52** Elfriede Jelinek: »Theaterstücke«, Köln 1984, S. 63–101. Streeruwitz und Jelinek sind immer wieder gegenübergestellt worden, operieren aber beide mit unterschiedlichen Theatervorstellungen. — **53** Vgl. den Beginn von Streeruwitz: »Können.«, a. a. O., S. 11 ff. — **54** Vgl. dazu den Aufsatz von Martin Kubaczek: »Die Sehnsucht und das Infame: Das Desillusionstheater Marlene Streeruwitz´«, in: »Doitsu Bungaku« 103 (1999), S. 100–110. — **55** Elin Nesje Vestli: »Ein akustisches Setting: Überlegungen zur Dramaturgie von Marlene Streeruwitz«, in: »Trans« 9 (März 2001) <http://www.inst.at/trans/9Nr/vestli9.htm> (September 2004). — **56** Poschmann: »Theatertext«, a. a. O., S. 156. — **57** »Das literarische Kunstwerk Theaterschauspiel ist – wie das so schön heißt – ein literarischer Grenzfall. Es hat Partiturcharakter.« (Streeruwitz: »Sein.«, a. a. O., S. 72). — **58** Frankfurt/M. 1965, S. 85. — **59** Streeruwitz: »Sein.«, a. a. O., S. 72. — **60** »Körper der Musik«, in: »Der entgegenkommende und der stumpfe Sinn. Kritische Essays III«, Frankfurt/M. 1990, S. 268.

Katja Rothe

»Freiheit des Überdenkens«
Die Hörspielarbeiten von Marlene Streeruwitz

»Ich kann Erinnertes, Gefundenes und Gedachtes aneinanderfügen. Ich mache Schnitte. In das Erinnerte, in das Gefundene und in das Gedachte und klebe es ineinander. Ineinanderzurückgeklebt kann ich den Gegenschnitt zu all den sicheren Weltbehauptungen lesen. Die Grenzen sind klar. Die Zitate bleiben den Zitierten. Meines ist von mir. Welt wird im Trivialen dazwischengeklebt. Die Sicherheit des Ganzen geht verloren. Aber in der Unsicherheit des Stückwerks. In den Schnitten ist die Freiheit des Überdenkens zu finden.«[1]

Die Techniken des Zitierens, der Montage und Rekontextualisierung von Vorgefundenem aus Alltag und Medienwelt, aus Film, Theater, Literatur und Musik gehören zu den Arbeitspraktiken von Marlene Streeruwitz. Sie verwendet bereits Inszeniertes und lässt es in ihren eigenen Geschichten als Zitat ›auftreten‹. In diesen »inszenierten Inszenierungen« erscheint das alltägliche Leben vor allem von Frauen als Mosaik aus medialen Versatzstücken.[2] Streeruwitz geht es um die »Freiheit des Überdenkens«[3], die sich in den solchermaßen fragmentarisierten Setzungen eröffnet. Kritische Wirklichkeitsanalysen und die Suche nach einer gesellschaftsverändernden Sprach- und damit auch Handlungsfähigkeit gestalten sich als Suchbewegung innerhalb künstlerischer Experimentierräume, die unabgeschlossen bleibt. Die Suche nach Ausdruck wird hier ein Ausdruck der Suche.

Neben ihren Theaterstücken und Prosatexten zeichnen sich auch die Hörspiele durch eine theatrale Inszenierungstechnik aus. Sie sind mediale Ereignisse, die aus Bruchstücken anderer Inszenierungen bestehen. Streeruwitz interessiert sich dabei nicht nur dafür, was auf der »Hörbühne« erscheint, sondern aus welcher Perspektive und auf welche Art und Weise es für die Zuhörenden erfahrbar gemacht wird. Sie reflektiert sehr genau die Möglichkeiten eines Hörspiels. So wird den Zuhörenden ein sinnlich erfahrbarer dreidimensionaler Klangraum präsentiert, aber das quasi-realistisch wirkende Hörerlebnis ist immer wieder medienspezifischen Transformationen unterworfen. Harte Schnitte zwischen verschiedenen Erzählebenen, Zeitachsenmanipulationen und das simultane Einspiel mehrerer Sprechertexte zum Beispiel ermöglichen es den Zuhörenden, eine reflexive Haltung gegenüber den eher flüchtigen und suggestiven Klangereignissen einzunehmen.

Im Folgenden wird, nach einem kurzen Gesamtüberblick über die Hörspiele von Marlene Streeruwitz, diese Arbeitsweise anhand von drei Beispie len[4] verdeutlicht und diskutiert. Diese exemplarische Darstellung trägt dem Umstand Rechnung, dass die Hörspielarbeiten von Marlene Streeruwitz zum gegenwärtigen Zeitpunkt in der Forschung kaum Beachtung finden[5] und somit kein Bezug zu einer bereits geführten Diskussion hergestellt werden kann. Der vorliegende Essay muss folglich Aspekte vernachlässigen und setzt lediglich einen Anfang.[6]

Die Hörspiele von Marlene Streeruwitz

Marlene Streeruwitz konzipiert schon seit 1987 Hörspiele. Ihre ersten Hörspiele (»Der Paravent.«, ORF/SDR 1986; »Alkmene.«, ORF/WDR/Radio Bremen 1989; »Urlaub.«, WDR 1989) wurden noch von anderen Regisseuren realisiert. Ab dem Hörspiel »Kaiserklamm. Und. Kirchenwirt.« (ORF 1989) übernahm sie selbst die Regie (hier in Zusammenarbeit mit Bert Breit). »Alkmene.« und das spätere »Yocasta, You'd Better Leave.« (ORF 1990) spielen auf den griechischen Mythos an, der von der Handlung aufgegriffen und in die postfaschistische Gegenwart transformiert wird. In »Alkmene.« wird die Erfolgsgeschichte eines gefeierten Vaters dem an seinen Aufgaben versagenden Sohn gegenübergestellt. »Die Stützen der Gesellschaft haben einander einmal mehr ihre Existenzberechtigung versichert und können beruhigt wieder gehen. Alles ist ruhig.«[7] So beschreibt Marlene Streeruwitz die Kernaussage des Hörspiels, in dem die Verwurzelung der Gegenwart im Vergangenen thematisiert wird. Auch in »Yocasta, You'd Better Leave.« geht es um Vergangenheitsbewältigung. Hier greift Streeruwitz die Beziehung des Ödipus zu seiner Mutter/Geliebten Jokaste auf und problematisiert die Rolle von Frauen beim Wiederaufbau der Nachkriegsgesellschaft. Dabei arbeitet sie ausschließlich mit Geräuschen (man hört Hämmern und Waschen), Archivmaterial (Reden aus dem Zweiten Weltkrieg) und unartikulierten Lauten von einer Frau und einem Kind. Auch ihr erstes Hörspiel »Der Paravent.« lässt sich in diese Reihe einordnen, denn darin wird die Erfahrungswelt einer alten Frau entworfen, deren Lebenserinnerungen um den Zweiten Weltkrieg kreisen.

Mit den Titeln der Hörspiele »Schubertring.« (ORF 1990), »Opernring.« (HR 1999) und »Annenring.« (HR 2000) kann man Wagners »Ring der Nibelungen« assoziieren.[8] Sie verweisen aber auch auf die Wiener Altstadt, die von Ringstraßen umgeben ist. Mit Ausnahme des »Annenring.«, der eine Erfindung von Marlene Streeruwitz ist, finden sie sich im Wiener Stadtplan. Wie die Ringe die Wiener Altstadt umgeben, sind die in diesen Hörspielen dargestellten Frauenleben von den gesellschaftlichen Normen und Konventionen begrenzt und konstituiert. Alle drei Hörspiele thematisieren Lebenserfahrungen von Frauen: »Schubertring.« die Beziehungen und Konflikte zwischen einer alten, pflegebedürftigen Mutter und ihrer Tochter, »Opernring.« die gescheiterte Liebe einer Frau, die in einem Hotel in Barcelona auf ihren Liebhaber wartet, der nie ankommt; in »Annenring.« reflektieren eine allein stehende »Karrierefrau« und eine Hausfrau in fortgeschrittenem Alter während einer Autofahrt ihr Leben und ihr Verfangensein in vorgefertigten ›weiblichen‹ Verhaltensmustern.

»Urlaub.« und »Supermarkt.« (WDR 2003) spielen mit der Dingwelt des Alltags und den ihn durchziehenden »Werbeoberflächen«, die ein bezahlbares Glück versprechen, auf das sich die Sehnsucht des Menschen richtet, das aber schon aus marktwirtschaftlichen Gründen immer unerfüllt bleiben muss. »Supermarkt.« gelangt dabei in die Nähe musikalischer Kompositionen. Sprache wird hier zum Klangmaterial. Das Aufsagen von Einkaufslisten und Werbeslogans durchzieht das Hörspiel, bildet eine Klangkulisse, in der die beiden Protagonisten verfangen sind. Im Wiederholen und Verfremden wird dieses formelhafte Sprechen aber gleichzeitig der unbewussten Affirmation entzogen und so der Kritik zugänglich. Darüber hinaus findet man in »Supermarkt.« sehr poetische Textpassagen, in denen ein Befragen der »Werbeoberflächen« einsetzt und sich eine mögliche Begegnung zwischen den beiden Protagonisten andeutet.

»Kaiserklamm. Und. Kirchenwirt.« ist ein Hörspiel, dessen Thema das österreichische Heimatidyll zwischen touristischem Naturreservat und Wirtshaus ist. Hier verschmilzt Marlene Streeruwitz in Zusammenarbeit mit dem Komponisten Bert Breit in exemplarischer Weise Geräusche der Klamm und des Wirtshauses, bezieht mehrere Dialekte mit ein und ordnet diese Klangwelt nach musikalischen Prinzipien. So wird in der Online-Hörspieldatenbank[9] als Genrebezeichnung auch »Audio Art« angegeben.

»Norma Desmond. A Gothic SF-HörSzenario« (Deutsche Grammophon Literatur/SWR2 vor Mitternacht/Universal Music GmbH Berlin, 2002) ist auf CD dem Prosatext »Norma Desmond. A Gothic SF-Novel« beigefügt – ein Umstand, der dieses Hörspiel von den allein über den Rundfunk ausgestrahlten anderen Hörspielarbeiten unterscheidet. Streeruwitz greift mit dieser Gothic-Science-Fiction die heute gängige Praxis des Medienverbundes zwischen Buch und Hörbuch auf, wobei das Verhältnis zwischen Text und akustisch Inszeniertem keines der einfachen Übertragung ist. Thematisiert werden die Heilsversprechen der modernen Lebenswissenschaften – verlängertes Leben, künstliche Reproduktion, nach idealen Maßstäben entworfene Körper, totale Überwachung als Sicherheitsversprechen – am Beispiel einer Frau, deren Name schon auf ihre ›Zitathaftigkeit‹, ihre mediale Verfasstheit anspielt. Die titelgebende Norma Desmond ist die Hauptfigur des Films »Sunset Boulevard« von Billy Wilder (1950).

Marlene Streeruwitz arbeitet häufig mit Originaltönen, das heißt mit außerhalb des Studios aufgenommenen Tönen. So fuhr Streeruwitz beispielsweise in ein Hotel nach Barcelona, um für »Opernring.« das entsprechende Klang-material vor Ort aufzunehmen. Die Bezeichnung »Originalhörspiel« wäre aber insofern irritierend, als Marlene Streeruwitz die so produzierten Klän-ge nicht als Verweis auf eine Wirklichkeit einsetzt, sondern ebenso wie die Sprechertexte als Material verwendet, um eine mediale Wirklichkeit zu er-zeugen. Die Sprechertexte etwa lässt sie immer mehrfach einsprechen, zer-schneidet sie und setzt sie neu zusammen.

Streeruwitz' Hörspielarbeiten sind handlungs- und sprachorientiert und reihen sich damit in die Traditionen des erzählenden Hörspiels ein. Im Gegensatz zur akustischen Kunst – ein recht ungenau definiertes Genre, das zum Beispiel mit den so genannten *sound sculptures* gewisse Verwandtschaft zur *musique concrète* und zur bildenden Kunst aufweist – produzieren sie fik-tionale Narrationen. Ähnlich aber wie in den Theater- und Prosaarbeiten werden die erzählten Handlungen auf formaler und das heißt auch auf medienspezifischer Ebene unterlaufen. Dabei entstehen sinnlich wahrnehm-bare Klangereignisse, die die Ebene des Geschehens und Verstehens über-schreiten, aber nicht vermeiden.

Im Folgenden möchte ich einige Kennzeichen der Hörspiele von Marlene Streeruwitz anhand von drei kurzen Szenen aus »Annenring.«, »Supermarkt.« und »Norma Desmond. Ein Gothic SF-HörSzenario« vorstellen.

1 »Annenring.«: bruchstückhafte Reinszenierung

Zwei Frauen um die 50 fahren zusammen in einem Auto, sind auf dem Weg zu einem gemeinsamen Freund, den sie schon aus ihrer Jugend kennen. Man hört sie über die Fahrtgeräusche hinweg reden. Sie sprechen nicht gerade freundlich miteinander, eher nebeneinander, ja gegeneinander. Themen sind ihre Lebenssituation, ihre Erinnerungen, Leidenschaften, Eifersucht, Ein-samkeit, das Alter, die Arbeit und der Selbstmord einer Frau.

Unterbrochen wird ihr Gespräch durch das wiederholte Einschalten des Autoradios. Szenen aus »Dr. Schiwago«, »Casablanca« und eine filmähnlich konstruierte Szene, in der eine junge Frau erfolglos versucht, Herrn Bern-hard zu besuchen, werden eingespielt. Die Lieder »As Time Goes By« aus »Casablanca« und »What A Diff'rence A Day Made« werden anzitiert, ge-loopt, verfremdet und bleiben auf einem Ton stehen. In diesem Zitatmo-saik findet sich eine Sequenz, in der auf das neuerliche »Leg mal 'ne Kasset-te ein!« – ein Satz, der das gesamte Hörspiel strukturiert – der Anfang des Liedes »What A Diff'rence A Day Made« zu hören ist. Es bricht nach dem Anfangs- und Titelsatz ab und beginnt sehr viel leiser von neuem. Darauf summt und singt eine der Frauen das Lied mit. Darüber ist folgender, völlig emotionslos gesprochener Monolog gelegt, der zweimal wiederholt wird: »Sie wollte nicht heim. Wollte nicht gefragt werden. Ihr Mund. Auch in der Vorstellung, etwas zu sagen, nicht zu öffnen. Stumm. Sie fühlte sich stumm. Und die Stummheit bis in das Genick und die Kopfhaut hoch kroch. Keine Tränen. Tränen keine Möglichkeit. Tränen ihrem Weinen immer unterlegen. Sie wollte nicht heim. Ihr immer ihr die kurze Unterbrechung zu schrein. Ihr einen Veitstanz des Triumphs ihrer Zeit über sie zuschreien würde. Sie wollte nicht heim. Die Ruhe der Dauer ihr immer die Unterbrechung aufzusaugen.« Der Monolog endet mit einem dreimaligen »Sie wollte nicht heim«.

In dieser Szene werden drei verschiedene Ebenen übereinandergelagert, die sich gegenseitig kommentieren: der Monolog der Frau, das Mitsummen und das Originallied »What A Diff'rence A Day Made«. Das Lied ist ein ›Ohrwurm‹, dessen eingängliche Melodie sich leicht festsetzt und dazu zwingt, gegen den eigenen Willen mitzusingen, was die mitsummende Frau vorführt. Es beschwört ein Bild des Glücks herauf: Die Ausrichtung eines Frauenlebens auf den glücklichen Moment der Begegnung mit einem Mann wird besungen, ein Glücksversprechen, das automatisch abläuft und so unhinterfragbar ist. Es bleibt unbewusst und in der Wiederholungsschleife verfangen. Die Melodie, die sich festsetzt und sofort Erinnerungen auf nichtsprachlicher Ebene hervorruft, wird mit dem schmucklosen und elliptisch Sprechen kontrastiert, was den unbewusst wirkenden ›Ohrwurm‹ unterminiert, ihn hohl klingen lässt und ihn so der Kritik zuführt. Diese Kritik vollzieht sich aber nicht aus einer distanzierten Position heraus. Die sprechende Frau ist nicht im Besitz einer emphatischen, kämpferischen Sprache. Im Gegenteil: In dem Monolog wird das Verstummen thematisiert. Es bietet sich hier keine andere, positive Perspektive. Auch das Autofahren als Fluchtmöglichkeit, wie es im gesamten Hörspiel unterschwellig mitverhandelt und in der besprochenen Passage anzitiert wird (»Sie wollte nicht heim.«), wird von konservierten Normen und Konventionen begleitet. Die Glücksversprechen laufen ab und werden nach- beziehungsweise mitgesungen. Die Möglichkeit zur Flucht besteht nicht. Aber zwischen dem eingänglichen Lied, dem Mitsummen und der emotionslosen, wiederholten Rede deutet sich die Möglichkeit des Befragens vorgefertigter Normen an, die sich an die Zuhörenden richtet.

Die ›klassischen‹ Zitate aus Film, Musik (vor allem der Oper)[10] und Literatur bilden in den Hörspielen von Marlene Streeruwitz nicht einfach einen ironischen Subtext, sondern sind mit den Erzählungen der Frauen verwoben, sind unauflöslich mit diesen ›typischen‹ Frauenleben verbunden. Den medial vermittelten Weiblichkeitsbildern ist eben nicht zu entkommen. Im Gegenteil – sie sind die Bruchstücke, aus denen sich das Leben dieser Frauen zusammensetzt. Aber in den Brüchen zwischen den reinszenierten Inszenierungen wird einer Suche Ausdruck verliehen, die unausgesprochen und latent ist und bei den Zuhörenden Reflexionsräume eröffnen kann. Marlene Streeruwitz bleibt aber nicht dabei stehen, Vorgefundenes zu reinszenieren. Sie markiert deutlich ihre eigene Rolle als Regisseurin und thematisiert das Verschwinden der medialen Voraussetzungen eines Hörspiels (das Studio, die Aufnahmetechnik usw.) in dem unmittelbar wirkenden Hörereignis. Das zeigt sich zum Beispiel in »Supermarkt.«.

2 »Supermarkt.«: die mit-ge-teilte Perspektive

Eine Frau um die 50 kauft ein. Innerhalb der Werbegeräuschkulissen, dem Klappern der Einkaufswagen und Stimmengewirr trifft sie auf einen Nachbarn. Beide beginnen einen Gedankendialog, der eigentlich aus einzelnen Monologen besteht. Die Gedanken der Frau kreisen um die Dingwelt ihres Alltags zwischen Familie und Einsamkeit, Arbeit und ersehnter Ruhe. Nach ungefähr 20 Minuten beginnt ein sehr poetischer Monolog, in dem die Frau dieses Kreisen der Gedanken direkt aufgreift. Es ist ein sehr emotionaler Moment, der durch ein klirrendes Geräusch, das sich immer höher ›schraubt‹, unterstützt wird: »Wenn ich denke. Wenn ich denken möchte. Wenn ich Gedanken denken möchte. Worte aneinander. Und einen Sinn. Die Ereignisse aneinander. Die Geschichte erzählen. Dann steigen Bilder auf. Gedanken nicht. Gedanken steigen nicht auf. Lassen sich nicht fassen. Nur die Bilder. Taumeln auf. Stürzen herein. Fallen. Bilder. Worte kommen nicht. Steigen nicht auf. Lassen sich nicht fassen. Worte nicht. Und in den Bildern. Ich bin in mir und in den Bildern. Ich bin in mir und in den Bildern in mir. Ich bin in mir zwischen mir und den Bildern. Ich bin in mir zwischen den Bildern hin- und hergeworfen. Falle über mich oder die Bilder. Oder dazwischen. Falle über mich her und in mich. Stürze in die Bilder in mir, in mich. Und bodenlos.«
Nach diesen Sätzen hört man plötzlich Marlene Streeruwitz. Sie gibt der Sprecherin Renate Schroeter Anweisungen, wie sie den Text zu sprechen hat. Schroeter wiederholt daraufhin die letzte Passage, die sehr verschlungen ist, übt sie ein. Hier wird ganz deutlich markiert, dass der Monolog von einer Sprecherin vorgetragen wird, die Probleme mit dem um sich selbst kreisenden Text hat. Darüber hinaus hört man Streeruwitz einen Teil der Passage selbst vortragen. »Band läuft«, heißt es später, woraufhin die Passage von der Sprecherin wiederholt wird. Die akustisch wahrnehmbare Gedanken-welt ist entzaubert: Das, was die Zuhörenden so eindringlich und poetisch berührte, stellt sich als das Produkt eines abgespielten Tonbands heraus. Dass man dieses Tonband auch schneller oder langsamer abspielen kann, hört man kurz nach der Wiederholung der zitierten Passage. Es wird eine Walzermelodie eingespielt, die Temposchwankungen unterworfen ist:

Zeitachsenmanipulationen,[11] die auf die Möglichkeit verweisen, den ›flüchtigen‹ Ton[12] speichern zu können. Zeitachsenmanipulationen irritieren auf der Rezipientenseite die Erfahrung von Unmittelbarkeit. Sie unterlaufen eine imaginäre Identifikation mit der Situation und den Figuren im Hörspiel.

Marlene Streeruwitz macht also ganz bewusst auf die Aufnahmesituation ihrer Hörspiele aufmerksam. Sie spielt in ihren Stücken immer wieder die Studiosituation ein, und zwar in Momenten, in denen die Zuhörenden Gefahr laufen, sich zu sehr einzufühlen, in Momenten dramatischer Spannungssteigerung und hoher Emotionalität. Sie verweist so auf die Inszeniertheit des Geschehens und auf ihre Rolle als Regisseurin. Der dreidimensionale akustische Erfahrungsraum wird als inszenierte Medienwirklichkeit ausgestellt und die Positionen von Sprecher und Sprecherin, Regie und Technik werden als solche hörbar.

Dass man aber zum Beispiel das Einspielen der Studiosituation nicht als Hinweis auf eine ›Realität‹ hinter der medialen Präsentation deuten kann, sondern selbst als künstlerisches Material begreifen muss, wird im Hörspiel »Opernring.« sehr deutlich. Hier wird der Satz »Band läuft« zur Phrasierung: Indem er immer wieder eingespielt wird, rhythmisiert er das Hörspiel, markiert er jeweils eine Zäsur.

Das Einspielen der Aufnahmesituation, die Zeitachsenmanipulationen und das wiederholte Abspielen von Samples sind Inszenierungstechniken, die den Zuhörenden eine Distanznahme zum quasi-realistischen Hörraum ermöglichen. Diese Distanz wiederum ist eine Voraussetzung für eine Reflexion von Hörgewohnheiten. Marlene Streeruwitz bietet den Zuhörenden ihre Hörspiele als von ihr erzeugte mediale Setzungen an. Sie legt ihre Perspektive offen, die Zuhörenden können diese teilen oder kritisieren. Durch die kompositorische Anordnung der Elemente wie Sprechertexte, Geräusche und Musiksequenzen, die als Materialien verwendet werden, überschreitet sie dabei oftmals die semantische Ebene und konstruiert sinnlich erfahrbare Hörbilder, man könnte sogar sagen: akustische Andachtsbilder, so zum Beispiel im Hörspiel »Norma Desmond.«.

3 »Norma Desmond.«: akustische Andachtsbilder

»Norma Desmond. Ein Gothic SF-HörSzenario« erzählt von der Reise Normas durch Film-, Theater- und Stadtkulissen. Ausgelöst wird diese Reise durch den Tod ihres Lebensgefährten, der sie und David, einen Klon, bei sich versteckt hielt. Sie ist eine nach idealen Maßstäben künstlich hergestellte Frau, David ist ein Klon, der als Ersatzteillager dienen sollte. Beide sind aus ihren Heimen entflohen.

Am Beginn des Hörspiels findet sich eine Szene, die mit einem Fragekatalog Normas einsetzt: »Wie? Wie soll. Wie soll das. Wie soll das weitergehen? Wie solln? Wie solln wir? Wie solln wir das? Das alles. Wie solln wir? Wie solln wir weiter?« Diese Sequenz wird dreimal wiederholt. Im Hintergrund hört man Regengeräusche und Vogelgezwitscher, also so genannte »Atmos«[13]. Schon nach ungefähr sieben Sekunden wird darüber eine ebenfalls von Norma gesprochene Beschreibung einer Fotografie von Taormina eingespielt. Der Ort war im 19. Jahrhundert ein beliebtes Ziel der ›gehobenen‹ Gesellschaft für Hochzeitsreisen. Er galt als Inbegriff bürgerlicher Romantik, ein Idyll, das ein Glücksversprechen transportiert. Norma beschreibt das Meer, den Strand und den blauen Himmel, den sie auf der Fotografie erblickt – eine Wunschwirklichkeit, auf die sich ihre Sehnsucht richtet. Die Beschreibung einer im wörtlichen Sinne fixierten (Fotografie) idealen Wirklichkeit, die von Normen und Konventionen geprägt ist, muss und kann dabei nicht vollständig ausbuchstabiert werden. Auf Stichworte hin (»das Meer«, »ein schmaler Streifen Sand«, »Felsen«) werden Assoziationen aufgerufen. Gleichzeitig wird die Frage, wie es für Norma und ihre Reisebegleiter weitergehen soll, immer wieder von neuem aufgebaut, umgestellt und verändert. Von dem Fragewort »Wie« ausgehend zerfällt die Frage in einzelne Worte und Teilsätze. Sie wird nicht von einer Antwort abgeschlossen, sondern umkreist das Fragen selbst. Die Fragesequenz kommentiert die auf vollkommene Idealität zielende Bildbeschreibung, konfrontiert sie mit der Fragmentarität und der Unsicherheit des Zukünftigen und öffnet sie so.

Normas Stimme spaltet sich in der Szene in zwei gleichzeitig anwesende Stimmen auf, die im Wechselspiel eine musikalisch anmutende Komposition bilden. Die Zuhörenden sind hier einer überdeterminierten Hörerfahrung ausgesetzt. Nachdem das fragmentarische Umkreisen der Frage eingeführt wurde, läuft es gewissermaßen automatisch weiter. Im dreimaligen Wiederholen der Fragesequenz wirkt das Sprechen formelhaft, verliert sich die semantische Bedeutung und die rhythmisch-musikalische Qualität der Stimme kommt zum Vorschein. Dieses fragmentarische Sprechen kommentiert also nicht nur das ›bilderreiche‹, beschreibende, volle Sprechen, sondern phrasiert und rhythmisiert es auch. Beschreibung, ›natürliche‹ Geräuschkulisse und die geloopten Fragesequenzen bilden zusammen eine Art akustisches Andachtsbild, das von hoher Intensität ist. Die Zeit scheint stillzustehen, die Gedanken befinden sich förmlich im ›Leerlauf‹. Im Zusammenspiel der flüchtigen Bilder einer idealen und vergangenen Wunschwirklichkeit und dem formelhaften Umkreisen einer ungewissen Zukunft artikuliert sich dabei auf nicht-sprachlicher Ebene eine Erfahrung des Entzugs, des Verlustes und der Vergänglichkeit. Stimmaufspaltungen und -überlagerungen vervielfältigen das Zentrum des Sprechens (hier Norma) und bergen ein Nichtverstehen. In der formelhaften Wiederholung treten die rhythmische und musikalische Qualität der Stimme hervor und verliert sich der Sinn. In den phrasierten Assoziationen äußert sich die Flüchtigkeit und Haltlosigkeit der Vor-Bilder. Den Zuhörenden eröffnet sich vor diesem Andachtsbild ein Reflexionsraum, der nicht frei von Prägungen ist, in dem aber die Erfahrung von Unvollkommenheit nicht in der Idealität aufgeht.

Marlene Streeruwitz setzt in ihren Hörspielarbeiten von einer mit-ge-teilten Perspektive aus Vorgefundenes in Szene. In dieser Ausstellungspraxis wird selbst der unbewusst affizierte ›Ohrwurm‹ einer Kritik zugänglich gemacht. Die als Materialien einer (De-)Konstruktion gekennzeichneten Film- und Musiksequenzen, Sprechertexte und Stimmen werden zerschnitten und rekontextualisiert, wiederholt und überlagert, Zeitachsenmanipulationen unterworfen und verfremdet. Zwischen den einzelnen Bruchstücken eröffnet sich dabei ein Zwischenraum, der auf das Nicht-Gesagte, Verschwiegene, den Entzug und den Mangel verweist. Es geht dabei nicht um das Aufdecken von Illusionen und das Einklagen von verlorener Unmittelbarkeit in der Medienwelt, sondern darum, das ›Gemachtsein‹, die mediale Verfasstheit der sinnlich wahrnehmbaren Welt aufzugreifen und die Haltlosigkeit und Flüchtigkeit, die sich daran bindet, als Aufforderung zum Experiment zu begreifen. Die Hörspiele werden den Zuhörenden als ein Drittes zwischen Setzung und Imagination angeboten. Unentschieden zwischen negativen (Dekonstruktion der Vor-Bilder) und positiven (Re-Komposition) Vorzeichen sind sie ein Ausdruck der Suche. Sie sind akustische Freiräume des Überdenkens.

---

1 Marlene Streeruwitz: »Schneiden. Schnitt. Gegenschnitt.«, in: dies.: »Tagebuch der Gegenwart«, Wien, Köln, Weimar 2002, S. 114. — 2 Man könnte im Sinne der modernen Theaterwissenschaft sagen, dass es in Streeruwitz' Arbeiten nicht mehr um die Darstellung von Wirklichkeit geht, Wirklichkeit wird vielmehr unter bewusstem Einsatz der je medienspezifischen Mittel als Mosaik hergestellt. Gerda Poschmann bezeichnet deshalb die Theaterarbeiten von Marlene Streeruwitz als »postdramatisches Theater«. Vgl. dazu Gerda Poschmann: »Marlene Streeruwitz und andere Texte«, in: dies.: »Der nicht mehr dramatische Theatertext: aktuelle Bühnenstücke und ihre dramaturgische Analyse«, Tübingen 1997, S. 153–163, v.a. S. 155. — 3 Siehe Eingangszitat. — 4 Bei den zitierten Textpassagen handelt es sich um von mir transkribierte Auszüge aus den Hörspielen »Supermarkt.«, »Annenring.« und »Norma Desmond.«, die sich auf CDs in meinem Privatarchiv befinden. — 5 Eine erste Würdigung fand das Hörspiel »Supermarkt.« (WDR/ORF, Ursendung 29.1.2003) von der Jury der Deutschen Akademie der Darstellenden Künste. Es wurde zum Hörspiel des Monats Januar gekürt. — 6 So müssen viele interessante Aspekte vernachlässigt werden. Man sollte zum Beispiel gerade wegen der intermedialen Bezüge in dem streeruwitzschen Gesamtwerk die Hörspielarbeiten in Zusammenhang mit ihren dramatischen und literarischen Werk betrachten, wozu hier allerdings nicht die Möglichkeit besteht. Von dem Hörspiel »Der Paravent.«

wurde zum Beispiel 1995 in Graz unter der Regie von Tobias Derndinger eine Bühnenfassung unter dem Titel »Brahmsplatz.« aufgeführt. Die Erzählung »Dauerkleingartenverein ›Frohsinn‹« (2000) bzw. »Norma Desmond. A Gothic SF-Novel.« (2002), hier änderte Marlene Streeruwitz nur die Titel, erfuhren eine Hörspielbearbeitung (»Nachwelt«, BR 1999; »Dauerkleingartenverein ›Frohsinn‹.«, SWR 2001, »Norma Desmond. Ein Gothic SF-Hör-Szenario«, CD 2002). — **7** Marlene Streeruwitz zu »Alkmene.« unter: <http://www.hoerdat.de> (September 2004) — **8** Marlene Streeruwitz äußert mehrfach harsche Kritik an der Oper als kathartisches Kunsterlebnis, in dem der Zuschauer in einer Masse eine Reinigung durch Gewalt erfährt, um wiederum an Gewalt teilnehmen zu können. Vgl. Marlene Streeruwitz: »Können. Mögen. Dürfen. Sollen. Wollen. Müssen. Lassen. Frankfurter Poetikvorlesungen«, Frankfurt/M. 1998, S. 110; Nele Hempel: »Marlene Streeruwitz – Gewalt und Humor im dramatischen Werk«, Tübingen 2001. — **9** <http://www.hoerdat.de> (September 2004) — **10** Die Kritik an der Oper als gemeinsamer Akt der Katharsis im Gewalterleben findet sich auch in den Hörspielen. Vgl. Anm. 7. — **11** Zeitachsenmanipulation bedeutet nach Kittler, dass ein serieller Datenstrom – eine Reihe zeitlich nacheinander folgender, also linear angeordneter Daten – auf Raumkoordinaten bezogen und so einer Veränderung der Anordnung zugänglich gemacht wird. Vgl. Friedrich Kittler: »Real Time Analysis – Time Axis Manipulation«, in: Georg Christoph Tholen / Michael O. Scholl (Hg.): »Zeit-Zeichen. Aufschübe und Interferenzen zwischen Endzeit und Echtzeit«, Weinheim 1990, S. 363– 377. — **12** Vgl. Wolfgang Scherer: »Musik und Echtzeit«, in: Tholen / Scholl (Hg.): »Zeit-Zeichen«, a. a. O., S. 351–362. — **13** Klänge, die scheinbar außerhalb des Studios aufgenommen wurden und »Natur« oder »Städte« gewissermaßen akustisch fotografieren, nennt man »Atmos« (von Atmosphäre).

Katja Rothe

Auswahlbibliografie Marlene Streeruwitz

Werke

»Waikiki Beach.«, in: »Theater heute« 5 (1992), S. 46–52.

»Passion. Devoir. Kontingenz. Und keine Zeit. Essay.«, in: »Theater heute«, Jahrbuch 1992, S. 28 ff.

»Sloane Square.«, Frankfurt/M. 1992.

»Waikiki Beach. Sloane Square. Zwei Stücke«, Frankfurt/M. 1993.

»New York. New York. Elysian Park. Zwei Stücke«, Frankfurt/M. 1993.

»Während der Verwesung. Über den postfaschistischen Prometheus«, in: Programmheft der Münchner Kammerspiele, München 30.1.1993.

»Tolmezzo. Eine symphonische Dichtung«, Frankfurt/M. 1994.

»Ocean Drive. Ein Stück«, Frankfurt/M. 1994.

»Der Lustmörder: Eine Stütze der Gesellschaft«, in: »SPECTACULUM« 59, (1995), S. 292–295.

»Bagnacavallo. Brahmsplatz. Zwei Stücke«, Frankfurt/M. 1995.

»Verführungen. 3. Folge. Frauenjahre.«, Frankfurt/M. 1996.

»Sein. Und Schein. Und Erscheinen. Tübinger Poetikvorlesungen«, Frankfurt/M. 1997.

»Frühstück und Gewalt. Prosa & Szenen. Texte zum 1. Würth Literaturpreis«, hg. von Jürgen Wertheimer und Marlene Streeruwitz, Tübingen 1997.

»Lisa's Liebe. Roman in drei Folgen.«, Frankfurt/M. 1997.

»Können. Mögen. Dürfen. Sollen. Wollen. Müssen. Lassen. Frankfurter Poetikvorlesungen«, Frankfurt/M. 1998.

»Nachwelt. Ein Reisebericht. Roman«, Frankfurt/M. 1999.

»Und. Sonst. Noch. Aber. Texte I. 1991– 1996«, Wien 1999.

»Und. Sonst. Noch. Aber. Texte II. 1996– 1998«, Wien 1999.

»›Hexen‹ heute. Und. Warum es nicht lustig geht«, in: Heinz Ludwig Arnold (Hg.): »Hexenreden«, Göttingen 1999, S. 21–26.

»Waikiki-Beach. Und andere Orte. Die Theaterstücke«, mit einem Vorwort von Elfriede Jelinek, Frankfurt/M. 1999.

»Und. Überhaupt. Stop. Collagen 1996– 2000«, Wien 2000.

»Dauerkleingartenverein ›Frohsinn‹. A gothic SF-Novel«, in: »Countdown läuft: Sieben Hefte mit Zukunft«, in Zusammenarbeit mit der Millennium-Ausstellung »Sieben Hügel« – Bilder und Zeichen des 21. Jahrhunderts. Berliner Festspiele und literaturWERKstatt Berlin, Berlin 2000.

»Majakowskiring. Erzählung«, Frankfurt/M. 2000.

»Partygirl. Roman«, Frankfurt/M. 2002.

»Tagebuch der Gegenwart.«, Wien, Köln, Weimar 2002.

»Norma Desmond. A Gothic SF-Novel«, Frankfurt/M. 2002.

»Wer sieht. Wer sagt. Was. Wie. Kann das.«, in: »Valie Export. Mediale Anagramme«, Ausstellungskatalog der Akademie der Künste Berlin, hg. von Neue Gesellschaft für Bildende Kunst, Berlin 2003, S. 183– 187.

»Jessica, 30. Roman«. Frankfurt/M. 2004.

»Gegen die tägliche Beleidigung. Vorlesungen«, Frankfurt/M. 2004.

»morire in levitate. Novelle«, Frankfurt/M. 2004.

Theater

»Waikiki Beach.«, Regie: Torsten Fischer, Uraufführung: Kölner Schauspiel, Schlosserei, 24.4.1992.

»Sloane Square.«, Regie: Torsten Fischer, Uraufführung: Kölner Schauspiel, Schauspielhaus, 3.7.1992.

»New York. New York.«, Regie: Jens-Daniel Herzog, Uraufführung: Münchner Kammerspiele. Werkraum, 30.1.1993.

»Troyes.«, Uraufführung: Festival d'Avignon, St. Brieuc, 20.5.1993.

»Elysian Park.«, Regie: Harald Clemen, Uraufführung: Deutsches Theater, Berlin. Kammerspiele, 17.6.1993.

»Ocean Drive.«, Regie: Torsten Fischer, Uraufführung: Kölner Schauspiel, Schauspielhaus, 17.12.1993.

»Tolmezzo.«, Regie: Gerhard Willert, Uraufführung: Schauspielhaus Wien, 7.6.1994.

»Brahmsplatz.« (Bühnenfassung des Hörspiels »Der Paravent«), Regie: Tobias Derndinger, Uraufführung: Forum Stadtpark, Graz, 22.4.1995.

»Bagnacavallo.«, Regie: Torsten Fischer, Uraufführung: Kölner Schauspiel, Halle Kalk, 17.10.1995.

»Dentro. Was bei Lear's wirklich geschah.«, Regie: Claus Schlüter, Uraufführung: Schauspiel Bielefeld, 2.9.2000.

»Sapporo. Eine Revue.«, Regie: Katzuko Watanabe, Uraufführung: Steirischer Herbst, Graz, 26.10.2000.

Hörspiele

»Der Paravent.«, Regie: Hans Gerd Krogmann, ORF/SDR, Ursendung 25.1.1986.

»Alkmene.«, Regie: Hans Gerd Krogmann, ORF/WDR/Radio Bremen, Ursendung 21.2.1989.

»Urlaub.«, Regie: Otto Düben, Claudia Johanna Leist, WDR, Ursendung 30.7.1989.

»Kaiserklamm. Und. Kirchenwirt.«, Regie: Marlene Streeruwitz und Bert Breit, ORF, Ursendung 9.11.1989. (Textabdruck: Christian Fuchs (Hg.): »Theater von Frauen: Österreich«, Frankfurt/M. 1991, S. 111– 132).

»Schubertring.«, Regie: Marlene Streeruwitz, ORF, Ursendung 20.12.1990.

»Yocasta, You'd Better Leave.«, Regie: Marlene Streeruwitz, ORF, Ursendung 27.12. 1990.

»Opernring.«, Regie: Marlene Streeruwitz, HR, Ursendung 7.7.1999.

»Nachwelt.«, Regie: Marlene Streeruwitz, BR, Ursendung 22.11.1999.

»Annenring.«, Regie: Marlene Streeruwitz, HR, Ursendung 7.2.2000.

»Dauerkleingartenverein ›Frohsinn‹.«, Regie: Marlene Streeruwitz, SWR, Ursendung 9.12.2001.

»Norma Desmond. Ein Gothic SF-HörSzenario« (CD), Regie: Marlene Streeruwitz, Deutsche Grammophon Literatur / SWR2 vor Mitternacht / Universal Music GmbH Berlin 2002.

»Supermarkt.«, Regie: Marlene Streeruwitz, WDR/ORF, Ursendung 29.1.2003.

Sekundärliteratur

Verena Auffermann: »Wälsungenblut à la Edgar Allan Poe«, in: »Literaturen« 6 (2002), S. 48–50.

Annette Baumgartl: »Arztroman ohne Arzt«, in: »Die Neue Gesellschaft/Frankfurter Hefte« 12 (1997), S. 1143–1145.

Annette Baumgartl: »Poetik des Schweigens. Marlene Streeruwitz' Prosa«, in: Klaus Makoschey/Wilhelm R. Schmidt (Hg.): »Marlene Streeruwitz«, Begleitheft zur Ausstellung (Stadt- und Universitätsbibliothek Frankfurt/M.), Frankfurt/M. 1998, S. 61–65.

Hans-Peter Bayerdörfer: »Nebentexte, groß geschrieben: Zu Marlene Streeruwitz' Drama ›New York. New York.‹«, in: »Gegenwartsliteratur« 1 (2002), S. 289–309.

Sigrid Berka/Willy Riemer: »›Ich schreibe vor allem *gegen*, nicht *für* etwas.‹ Ein Interview mit Marlene Streeruwitz, Bräunerhof, 15. Januar 1997«, in: »German Quarterly 71.1 (1998), S. 47–60.

Ursula Dubois: »Frauen haben keine Geschichte«, Programmheft zur österreichischen Erstaufführung von ›Sloane Square.‹, Landestheater Linz, 15.4.1993.

Allyson Fiddler: »Modernist or postmodernist? The absurd question in Marlene Streeruwitz«, in: Frank Finlay/Ralf Reuter (Hg.): »Centre stage. Contemporary drama in Austria«, Amsterdam 1999, S. 57–71.

Karin Fleischanderl: »›Jedes Frauenleben ist trivial‹. Zu Marlene Streeruwitz«, in: Friedbert Aspetsberger (Hg.): »Hier spricht die Dichterin. Wer? Wo? Zur Konstitution des dichtenden Subjekts in der neueren österreichischen Literatur«, Innsbruck 1998, S. 219–222.

Konstanze Fliedl: »Ohne Lust und Liebe. Zu Texten von Elfriede Jelinek und Marlene Streeruwitz.«, in: Pierre Béhar (Hg.): »Glück und Unglück in der österreichischen Literatur und Kultur.«, Internationales Kolloquium an der Universität des Saarlandes, 3.–5. Dezember 1998, Bern 2003, S. 221–237.

Konstanze Fliedl u. a. (Hg.): »Deutsche Dramatiker des 20. Jahrhunderts«, Berlin 2000, S. 835–850.

Christian Fuchs: »Theater von Frauen – Österreich«, Frankfurt/M. 1991.

Ingeborg Gleichauf: »Was für ein Schauspiel! Deutschsprachige Dramatikerinnen des 20. Jahrhunderts und der Gegenwart«, Berlin 2003. S. 110–123.

Christa Gürtler: »Beschädigungen eines normalen Frauenlebens«, in: »Literatur und Kritik« 303/304 (1996), S. 93 f.

Christa Gürtler: »Keine Dramen. Aber Sprachtheater. Anmerkungen zu Elfriede Jelinek, Ginka Steinwachs und Marlene Streeruwitz«, in: »TheaterFrauenTheater«, Theater der Zeit, Recherchen 5, Berlin 2001, S. 102–110.

Franz Haas: »Aschenbrödel geht nach Amerika«, in: »Literatur und Kritik« 325/326 (1998), S. 83–84.

Franz Haas: »Stammelnd in den Untergang«, in: »Literatur und Kritik« 369/370 (2002), S. 77–79.

Doja Hacker / Wolfgang Höbel: »Daisy Duck hat gesiegt. Marlene Streeruwitz über ihren Roman ›Verführungen.‹, die Arbeit am Theater und feministische Heldinnen«, in: »Der Spiegel« 11.3.1996, S. 260–263.

Nele Hempel: »Marlene Streeruwitz – Gewalt und Humor im dramatischen Werk«, Tübingen 2001.

Elfriede Jelinek: »Jelinek & Streeruwitz: ein Gespräch«, in: »Emma« 5 (1997), S. 56–63.

Elfriede Jelinek / Marlene Streeruwitz: »Die Begegnung«, in: »Emma« 9/10 (1997), S. 54–63.

Heinz-Norbert Jocks: »Marlene Streeruwitz im Gespräch«, Köln 2001.

Wolfgang Kralicek / Klaus Nüchtern: »›Moretti war bussi!‹«. Interview, in: »Falter«, Wien, 5.12.2003.

Claudia Kramatschek: »Was (nicht) zur Sprache kommt«, in: »Neue Deutsche Literatur« 4 (1997), S. 126 ff.

Claudia Kramatschek: »Das Jetzt der Existenz. Gespräch mit Marlene Streeruwitz«, in: »Neue Deutsche Literatur« 5 (2002), S. 24–46.

Claudia Kramatschek: »Marlene Streeruwitz«, in: Heinz Ludwig Arnold (Hg.): »Kritisches Lexikon zur deutschsprachigen Gegenwartsliteratur«, Bd. 10, 73. Nachlieferung 3/03, München 2003, S. 1–14.

Martin Kubaczek: »Die Sehnsucht und das Infame. Das Desillusionstheater Marlene Streeruwitz'«, in: »Doitsu Bangaku« 103 (1999), S. 100–110.

Sigrid Löffler: »Endkampf vom Paravent«, in: »Theater heute« 8 (1995), S. 52–53.

Lothar Lohs: »›Es ist genug Unglück für alle da.‹: Ein Portrait der österreichischen Dramatikerin Marlene Streeruwitz«, in: »Bühne« 6 (1992), S. 72–74.

Lothar Lohs: »Ins Herz der Wirklichkeit: Eine Theaterreise durch vier Inszenierungen neuer Stücke von Marlene Streeruwitz«, in: »Bühne« 6 (1993), S. 54.

Dagmar Lorenz / Helga Kraft: »Schriftsteller in der zweiten Republik Österreichs. Interview mit Marlene Streeruwitz, 13.12. 2000«, in: »The German Quarterly« 3 (2002), S. 227–234.

Klaus Makoschey / Wilhelm R. Schmidt (Hg.): »Marlene Streeruwitz«, Begleitheft zur Ausstellung (Stadt- und Universitätsbibliothek Frankfurt/M.), Frankfurt/M. 1998.

Daniela F. Mayr: »Ibich habibebi Dibich sobi liebib!«, in: Friedbert Aspetsberger (Hg.): »Hier spricht die Dichterin. Wer? Wo? Zur Konstitution des dichtenden Subjekts in der neueren österreichischen Literatur«, Innsbruck 1998, S. 199–217.

Elisabeth Mayer: »Über die weibliche Opferrolle«, Programmheft zur österreichischen Erstaufführung von ›Sloane Square.‹, Landestheater Linz, 15.4.1993 (ohne Seitenangaben).

Michael Merschmeier: »Wiener Blut. Ein Portrait der österreichischen Dramatikerin Marlene Streeruwitz«, in: »Theater heute« 6 (1990), S. 36–37.

Michael Merschmeier: »Schrecklich. Schön.: Marlene Streeruwitz über das Theater im allgemeinen und die Nicht-Uraufführung ihres Stückes ›Elysian Park.‹ im besonderen«, in: »Theater heute« 8 (1993), S. 34–37.

Manfred Mittermayer: »Theater der Zersplitterung. Zu den Dramen von Marlene Streeruwitz«, in: Henk Harbers (Hg.): »Postmoderne Literatur in deutscher Sprache«, Amsterdam 2000 (Amsterdamer Beiträge zur neueren Germanistik 49), S. 155–186.

Manfred Mittermayer: »›Forschungsreisen ins Verborgene‹. Zum intertextuellen Konstruktionsprinzip der Theaterstücke von

Katja Rothe

Marlene Streeruwitz.«, in: »Austriaca« 53 (2001), S. 177–194.

Münchner Kammerspiele (Hg.): »Marlene Streeruwitz: ›New York. New York.‹«, Programmheft, Redaktion: Michael Schäfermeyer, Wolfgang Zimmermann (Werkraum Heft 1/82, Spielzeit 1992–1993), München, 30.1.1993.

Riccarda Novello: »Das Leben in den Worten – die Worte im Leben. Eine symptomatische Lektüre als Literatur- und Lebenserforschung zu Evelyn Schlag, Marianne Fritz, Marlene Streeruwitz«, Mailand (Cooperativa Universitaria Editrice Milanese) 2003.

Klaus Nüchtern: »›Was ist schon Glück?‹«, Gespräch«, in: »Falter«, Wien, 19.9.1997.

Klaus Nüchtern: »›Wir können alles sagen‹«, Gespräch, in: »Falter«, Wien, 12.4.2002.

Angelo Peer: »Nachlesen statt nachplappern. Ein Votum separatum für Marlene Streeruwitz«, in: »Wespennest« 109 (1997), S. 77–79.

Gerda Poschmann: »Marlene Streeruwitz und andere Texte«, in: dies.: »Der nicht mehr dramatische Theatertext: aktuelle Bühnenstücke und ihre dramaturgische Analyse«, Tübingen 1997, S. 153–163.

Iris Radisch: »Und erlöse uns von der Schönheit. ›Lisa's Liebe‹ von Marlene Streeruwitz: Ein moderner Kolportageroman über das Ende eines großen Gefühls«, in: Friedbert Aspetsberger (Hg.): »Hier spricht die Dichterin. Wer? Wo? Zur Konstitution des dichtenden Subjekts in der neueren österreichischen Literatur«, Innsbruck 1998, S. 195–198.

Susanne Raubold: »Fluchtwege. Marlene Streeruwitz«, in: »DU« 9 (1993), S. 18–19.

Susanne Schaber: »Fremder Leute Post«, in: »Literatur und Kritik« 341/342 (2000), S. 79 f.

Franziska Schößler: »Der Widerstreit von Mythos und Alltag. Zur Medea-Phantasie in Marlene Streeruwitz' Theaterstück ›Sloane Square.‹«, in : »Literatur für Leser« 3 (1998), S. 244–258.

Franziska Schößler / Ellen Biesenbach: »Zur Rezeption des Medea-Mythos in der zeitgenössischen Literatur: Elfriede Jelinek, Marlene Streeruwitz, Christa Wolf«, in: »Freiburger Frauenstudien« 1 (1998) S. 31–59.

Franziska Schößler: »Zeit und Raum in Dramen der 1990er Jahre. Elfriede Jelinek, Rainald Goetz und Marlene Streeruwitz«, in: Georg Mein / Markus Rieger-Ladich (Hg.): »Soziale Räume und kulturelle Praktiken. Über den strategischen Gebrauch von Medien«, Bielefeld 2004.

Helga Schreckenberger: »Die ›Poetik des Banalen‹ in Marlene Streeruwitz Romanen ›Verführungen‹ und ›Lisas Liebe‹«, in: »Modern Austrian Literature« 3/4 (1998), S. 135–147.

Theater Phönix, Linz (Hg.): »USER HANDBOOK zur österreichischen Erstaufführung von ›Waikiki Beach.‹«, 22.4. 1993.

Lisbeth N. Trallori: »Die Frau als Werkzeug der Kindererzeugung«, Programmheft zur österreichischen Erstaufführung von »Sloane Square.«. Landestheater Linz, 15.4.1993 (ohne Seitenangaben).

Franz Wille: »Grimassen der Heiterkeit«, in: »Theater heute« 6 (1994), S. 10–17.

Susanne Winnacker: »›Weißt schon eh', wie's is.‹ Ein Gespräch mit Marlene Streeruwitz«, in: Klaus Makoschey / Wilhelm R. Schmidt (Hg.): »Marlene Streeruwitz«, Begleitheft zur Ausstellung (Stadt- und Universitätsbibliothek Frankfurt/M.), Frankfurt/M. 1998, S. 49–52.

Susanne Winnacker: »Aber. Zäsur / Einschnitt / Unterbrechung. Einige Anmerkungen zum Werk von Marlene Streeruwitz«, in: Klaus Makoschey / Wilhelm R. Schmidt (Hg.): »Marlene Streeruwitz«, Begleitheft zur Ausstellung (Stadt- und Universitätsbibliothek Frankfurt/M.), Frankfurt/M. 1998, S. 53–58.

Notizen

Marlene Streeruwitz, geboren am 28.6.1950 in Baden bei Wien, studierte zunächst Jura und wechselte dann zu Slawistik und Kunstgeschichte. Danach arbeitete sie unter anderem als Journalistin für die Öko-Zeitschrift »Natur ums Dorf«. Erste Hörspiele entstanden in den achtziger Jahren; ab 1989 arbeitete sie als Redakteurin am Theater und im Hörfunk. 1992 wurde sie von der Zeitschrift »theater heute« zur Nachwuchsdramatikerin des Jahres gewählt und war in den folgenden Jahren die meistgespielte deutschsprachige Dramatikerin. Seit 1996 veröffentlicht sie vorwiegend Prosa. 1995/96 eröffnete sie an der Tübinger Universität die dortigen Poetikvorlesungen, 1998 übernahm sie die Poetik-Dozentur der Frankfurter Johann Wolfgang Goethe-Universität; im Wintersemester 2001/2002 hatte sie die Samuel-Fischer-Gastdozentur für Literatur an der Freien Universität Berlin inne. Marlene Streeruwitz lebt in Wien und Berlin.

Preise: Mara-Cassens-Preis (1997) für »Verführungen.«; Österreichischer Würdigungspreis für Literatur (1999); Hermann-Hesse-Preis (2001); Preis der Stadt Wien (2002); Walter-Hasenclever-Preis (2002); Kulturpreis der Stadt Baden (2004).

*

Katharina Döbler, geboren 1957; Journalistin und Literaturkritikerin bei der »Zeit«, Deutschlandradio und RBB; derzeit Stipendiatin des Deutschen Literaturfonds; lebt in Berlin. Autorin von Hörspielen und Theaterstücken, zuletzt: »Schneeziegenmanöver« (Uraufführung: Wien 2000).

Markus Hallensleben, geboren 1966; Studium der Germanistik und Theaterwissenschaft an den Universitäten Erlangen und Hamburg sowie an der FU Berlin, 1998 Promotion mit einer Arbeit über Else Lasker-Schüler; Forschungsaufenthalte in Israel, USA und Japan; 1999–2003 DAAD-Lektor an der Universität Tokyo; seit 2004 Assistant Professor am Department of Central, Eastern and Northern European Studies, University of British Columbia, Kanada. Veröffentlichungen zu Heinrich Heine, Else Lasker-Schüler, Bodo Hell, Robert Schindel, zur Körpermetaphorik sowie zu Medien und Rhetorik.

Ulrike Hass, Theaterwissenschaftlerin; Promotion 1990. Veröffentlichungen u. a. zur Literatur der Antimoderne (»Militante Pastorale. Antimoderne Bewegungen im frühen 20. Jahrhundert«, 1993), zur Gegenwartsdramatik und zur Ästhetik des Theaters. Zuletzt erschien: »Das Drama des Sehens. Auge, Blick und Bühnenform« (2004).

Nele Hempel, lehrt an der University of Memphis im US-Bundesstaat Tennessee deutsche Sprache und Literatur; ihre Dissertation erschien 2001 unter dem Titel »Marlene Streeruwitz – Gewalt und Humor im dramatischen Werk«, ein Artikel über das Thema »Mutterschaft« bei Streeruwitz erschien 2003 in der Anthologie »Schreibweisen, Poetologien: Die Postmoderne in der österreichischen Literatur von Frauen« (hg. von Petra Ganglbauer und Hildegard Kernmayer); sie arbeitet derzeit an einem Buchprojekt über die Mutterfigur in der deutschsprachigen Gegenwartsprosa.

Alexandra Kedveš, geboren 1968; Studium der Germanistik, Anglistik und Philosophie in Konstanz, Oxford und Freiburg i. Br.; Kulturjournalistin (Redaktionsmitglied der »Neue Zürcher Zeitung«, freie Rezensentin für die »Frankfurter Allgemeine Zeitung« und »Die Zeit«).

Claudia Kramatschek, geboren am 17.8.1966, lebt nach einem Germanistikstudium in Heidelberg und Berlin nun als freie Literaturkritikerin in Berlin; schreibt und arbeitet für SWR, NDR, WDR, DLF, DLR und die NZZ. Schwerpunkte: deutsche Gegenwartsautoren und -autorinnen sowie die Literatur des Indischen Subkontinents, wo sie seit 2000 den Winter verbringt.

Katja Rothe, geboren 1975; derzeit Doktorandin am Graduiertenkolleg »Codierung von Gewalt im medialen Wandel« (Berlin), Promotionsthema »Hören auf die Katastrophe. Akustische Codierung von Gewalt«; Arbeitsschwerpunkte: Hörspielgeschichte, Akustische Medien, Sound Studies. Eigene Arbeiten: Sounddesign zum Film »Envelope: Affectionately« von Masayo Kajimura und zur Audioperformance »totally phoney« zusammen mit Rut Waldeyer.

Bisher sind in der Reihe TEXT + KRITIK erschienen:

Bisher sind in der Reihe TEXT + KRITIK erschienen:

Thomas Kling (147) 122 Seiten	**Sonderbände**	Friedrich Hölderlin 295 Seiten
Joachim Ringelnatz (148) 115 Seiten	Theodor W. Adorno 2. Aufl., 196 Seiten	Jean Paul 3. Aufl., 309 Seiten
Erich Maria Remarque (149) 104 Seiten	Die andere Sprache. Neue DDR-Literatur der 80er Jahre 258 Seiten	Franz Kafka 335 Seiten
Heimito von Doderer (150) 113 Seiten		Heinrich von Kleist 237 Seiten
Johann Peter Hebel (151) 109 Seiten	Ansichten und Auskünfte zur deutschen Literatur nach 1945 189 Seiten	Friedrich Gottlieb Klopstock 129 Seiten
Digitale Literatur (152) 137 Seiten	Aufbruch ins 20. Jahrhundert Über Avantgarden 312 Seiten	Karl Kraus vergriffen
Durs Grünbein (153) 93 Seiten	Bestandsaufnahme Gegenwartsliteratur vergriffen	Literarische Kanonbildung 372 Seiten
Barock (154) 124 Seiten	Ernst Bloch 305 Seiten	Literatur in der DDR. Rückblicke 307 Seiten
Herta Müller (155) 105 Seiten	Bertolt Brecht I vergriffen	Literatur in der Schweiz 262 Seiten
Veza Canetti (156) 111 Seiten	Bertolt Brecht II 2. Aufl., 228 Seiten	Lyrik des 20. Jahrhunderts 300 Seiten
Peter Huchel (157) 98 Seiten	Georg Büchner I/II 2. Aufl., 479 Seiten	Martin Luther 265 Seiten
W. G. Sebald (158) 119 Seiten	Georg Büchner III 315 Seiten	Heinrich Mann 4. Aufl., 180 Seiten
Jürgen Becker (159) 130 Seiten	DDR-Literatur der neunziger Jahre 218 Seiten	Thomas Mann 2. Aufl., 265 Seiten
Adalbert Stifter (160) 115 Seiten	Theodor Fontane 2. Aufl., 273 Seiten	Karl May 299 Seiten
Ludwig Hohl (161) 111 Seiten	Johann Wolfgang von Goethe 363 Seiten	Pop-Literatur 328 Seiten
Wilhelm Genazino (162) 108 Seiten	Oskar Maria Graf 224 Seiten	Joseph Roth 2. Aufl., 166 Seiten
H. G. Adler (163) 115 Seiten	Die Gruppe 47 3. Aufl., 353 Seiten	Visuelle Poesie 224 Seiten
Marlene Streeruwitz (164) 92 Seiten	E. T. A. Hoffmann 213 Seiten	

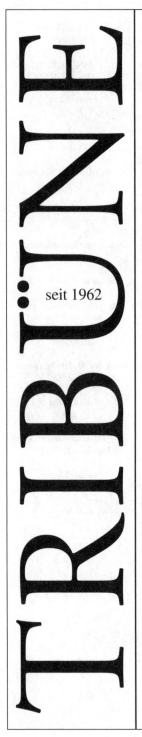

seit 1962

**Unsere aktuellen
Themen:**

*Zeitschrift
zum Verständnis
des Judentums*

Dezember 2004

60. Jahrestag der Befreiung
von Auschwitz

mit Beiträgen von:
Bundeskanzler Gerhard Schröder
Paul Spiegel
Prof. Wolfgang Benz
Anton Maegerle
Prof. Peter Steinbach
Thomas Haury
Wilfried Weinke

März 2005

40 Jahre diplomatische Beziehungen
zwischen der BRD und Israel
(auch in englischer Edition)

mit Beiträgen von:
Staatspräsident Moshe Katzav
Bundespräsident Horst Köhler
Premierminister Ariel Scharon
Bundeskanzler Gerhard Schröder
Bundesbildungsministerin Edelgard Bulmahn
Botschafter Shimon Stein
EU-Kommissar Günter Verheugen
Heinrich von Pierer, Siemens AG
Niels Hansen, Botschafter a.D.